撬开天才的脑袋

EL GENIO UNIVERSAL

LEONARDO

达·芬奇的惊人智慧

[西]阿尔伯特·希门尼斯·加西亚/著

包蕾/译

湖南人民出版社

列　奥　纳　多

数学家·建筑师和城市规划师·博物学家和
科学家·发明家·艺术家·书写者

· CVII ·

DVODECEDRON ELEVA
TVS VACVVS

XXXII

目录

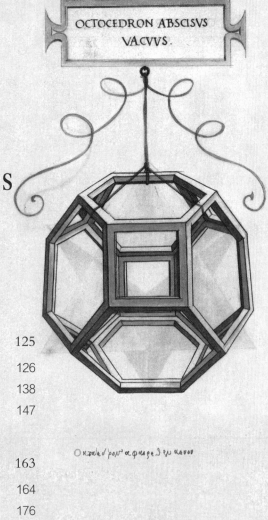

CONTENTS

列奥纳多·达·芬奇肖像

1519 年前后，红粉笔画，27.4 厘米 ×19 厘米，《温莎手稿》（英国伦敦）

可能是他的学生弗朗切斯科·梅尔奇所作

引　言

　　列奥纳多·达·芬奇是自古以来最伟大的天才吗？对于这类夸张的发问，提出问题通常比揭晓答案更重要。这个问题至少从绝对的角度而言没有答案。唯有我们以"全才"的视角为出发点破解他的奥秘时，一切才有意义，兴许他会认为这么做才不落俗套。

　　撰写一本列奥纳多的圣传并非本书的意图所在。毋庸置疑，他是个奇才，生活在幸运的年代，知识宝库开始敞开它的大门。从罗马帝国末期到中世纪末期，欧洲的发展步伐在匮乏与缥缈中踟蹰不前。中世纪将知识判为信仰的奴隶，直到文艺复兴带来一线曙光，人类成为宇宙和创造力的中心。知识包罗万象，若想在不止一个领域出类拔萃，需要的是好奇心。列奥纳多拥有最旺盛的好奇心，还颇具才能。

　　继列奥纳多之后，还有更多像他那样的人吗？我们生来与众不同，但论程度，列奥纳多则首屈一指。我们不妨承认：是的，也许有。统计学告诉我们，无数的人带着出众的才华来到这个世界。然而几个世纪以来，知识的专业化使得"全才"的身份愈发难以实现，这恰恰突出了达·芬奇。或许牛顿、法拉第和爱因斯坦等人接近他的智慧高度，或许有人正在超越他，但可惜的是，想要成为一个彻头彻尾的"文艺复兴人"为时已晚，且时不再来。

列奥纳多比任何人都懂得抓住时机。

这位出生于托斯卡纳的天才，也许是有史以来最杰出、最著名的博学家。他最为人所知的身份是画家，在这个领域登峰造极。他在其他方面的成就虽然举足轻重，其分量却被忽视。本书将突出列奥纳多在众多不同领域的贡献，例如解剖学、城市规划和舞台设计等。"画家达·芬奇"似乎只能作为"多面达·芬奇"里的一面，除此之外别无他法。

跨界奇才：
从数学家到城市规划师

"人们常说我缺乏正统教育，无法将涉及的领域完美诠释。但这些人哪里晓得，我的发现很大程度来源于经验本身，而非他人的话语……如果我不像大多数人那样旁征博引，那么我取得的成就应更加瞩目，因为经验是老师的老师，从阅读经验构筑的文章势必更胜一筹。这些总是自鸣得意、夸大其词、衣着华丽的人，因别人的成果受到敬仰，而非自己的贡献。我的价值未得到应有的回馈，然而，假如人们蔑视作为发明家的我，对于那些不懂得创造、只会传播和诵读他人作品的人，岂不更应嗤之以鼻？"

列奥纳多的上述话语为我们提供了他所处时代的一条线索。他是个被边缘化的学者（即英语中的"outsider"，圈外人），一个知识圈外的人，却将平凡的出身化为优势。他只相信亲眼所见和亲手实验，且毕生奉行这一理念。他至少在法国深受爱戴，他的一生也被时间眷顾。然而，他的馈赠并未获得及时反响，事实上，比起影响力，他的名望略高一筹。这一切都源于汇编成册的手稿，已达到 1.3 万多页，也许不到原稿数量的三分之一。这些手稿直到 19 世纪科技发展到一定程度才惠及大众。他对发表作品漠不关心，手稿一直在流散，致使他的大部分思想一度石沉大海。

在某种程度上，列奥纳多对后世真正的最大影响是绘画。

可能是《列奥纳多自画像》

红铅笔画，33.3 厘米 ×21.3 厘米

都灵皇家图书馆（意大利）

如果一句诗词能挽救一条生命，那么一幅画也可能改变一段历史。达·芬奇自始至终是孜孜不倦的画家，相信图像的感召和概括能力。他可谓这方面的大赢家，无论是作为变革者的"空气透视法"和"晕涂法"，还是作为符号创造者的《维特鲁威人》和《蒙娜丽莎》。本书旨在复原一个博学多才、无处不在的列奥纳多。

以他擅长的众多领域中的数学作为开端，他从应用（而非基础或理论）的角度处理这个学科。他并非浅尝辄止的知识爱好者，而是希望将所学运用到实际中的各个领域。达·芬奇在杰出的数学家卢卡·帕乔利的鼓舞下，把黄金比例运用得炉火纯青。当今许多研究表明，他的众多画作都绕不开黄金比例的原则。

同时，列奥纳多最出名的图像之一《维特鲁威人》（或者说与《蒙娜丽莎》齐名），正是基于生活在公元前①1世纪的建筑师马库斯·维特鲁威·波利奥描述的人体比例标准而创作的。

列奥纳多创作时，这个罗马人的作品重新风靡一时。维特鲁威没有将描述的比例图像化，但列奥纳多做到了，并且他在人体解剖实验的辅助下，对这个比例做了微调。艺术家们纷纷出版了自己绘制的图形，但无论从视觉美感还是数学基础的角度，都无法与列奥纳多的作品相提并论。

文艺复兴意味着以全新的方式观察人类生活的环境，人类

---

① 译者注：原文漏掉了"前"（原文为 en el siglo I），应是笔误，后文《维特鲁威人》（第 27 页）中提到的是正确的，所以此处用"公元前"。

列奥纳多·达·芬奇像

乔尔乔·瓦萨里 1568 年版的
《著名画家、雕塑家和建筑师传》中的插图

终于成为创造力的核心。经历了几百年停滞的中世纪后，15 世纪的意大利以悠然却惊人的方式发展起来，逐渐积累了实力和人气。列奥纳多身处其中，他好奇的天性驱使他向意大利文艺复兴颇具影响力的人物学习，比如建筑师、城市规划师莱昂·巴蒂斯塔·阿尔伯蒂。列奥纳多试图以居民的生活需要为出发点，去改造意大利的许多城市，使其兼具美观性和实用性。尽管他的构想没有足够的机会付诸实践，但是他在米兰设计的河道保留至今，解决了疏通和卫生方面的问题。

从城市规划的平面图来看，列奥纳多真正超越了他生活的年代。那时依旧流行绘制一定高度、侧面视角的平面图，就好像从近处一座山上看过去的那样。达·芬奇引进了鸟瞰图，和今天的地图类似。此外，他测绘的数据出乎意料的精确，这得益于他的发明，当然还有他在数学和素描上的造诣。这样，列奥纳多积累的知识成倍增长，互为裨益。

他在城市规划中最突出的方面是制造桥梁，更确切地说，是设计桥梁。我们将在本书中特别聚焦这一点，要知道五百多年后，他的构想依旧令人大开眼界。我们将一睹众人对列奥纳多桥梁设计的向往，并引领读者在苏丹的君士坦丁堡与当代斯堪的纳维亚半岛相连的故事中流连忘返。

自然科学家

我们在前文提到，列奥纳多的宗旨是"经验是老师的老师"。

这个托斯卡纳人成了活跃的自然科学家，试图通过实验证明自然界的千姿百态。他继而对植物学产生兴趣，甚至能准确地描述出多种植物并揭示出一些属性。几个世纪后，这些属性成为植物学的基本法则。因那深厚的素描功底，他再次赠予后人一沓精美的插图。他不仅是植物学家，还是地质学家，潜心研究人类赖以生存的这片土地。

他对物质世界与生俱来的兴趣与水源"造物主"的头衔相伴。统治者们多次委托他研究河流改道，或为有害的沼泽地排水。列奥纳多为此绘制了精准的平面图。

在研究土地期间，他发现了大量化石。虽然他不是首个发现化石的人，但在那个年代，人们还无法解释它们存在的缘由。列奥纳多的直觉令他领悟到，地球的过去比教义解释的厚重得多，他隐约预见了未来的进化论和板块构造论。尽管为时代所束缚，列奥纳多还是踏进了古生物学的领域。

无论如何，列奥纳多的素描功底在解剖学中运用到了极致。也许继绘画之后，他杰出的领域就是解剖学，包括人体和动物解剖。有人说，假如那时的医学拥有他精准的草图，也许会进步几十年。因为有解剖尸体的经验（尽管解剖过程极其令人反感），他绘制出了令人叹为观止的人体，区分人体的肌肉、器官。他甚至描绘出母体子宫里的胎儿，其精细程度堪比当今的超声波技术。这一领域的深入研究也反映在绘画上，他画中的人物、动物栩栩如生，比例得当，透视准确。

列奥纳多不仅驻足于周边，还关注远方，抛开陈规，用审视的目光遥望苍穹。因此，他解开了"月球的灰光"的神秘原理，运用缜密的逻辑回答"天空为何呈蓝色"这一命题——尽管答案并不完善。这些天文学发现与他对光学知识的日积月累密切相关。列奥纳多意识到眼睛的用途，也是那个年代罕见的，他大胆地发明了一种隐形眼镜的前身。

发明家

列奥纳多在当时不仅被公认为画家，还应是发明家。他竭尽全力地挥洒智慧，有些发明旨在造福人类。他时而研制战争使用的设备，因为许多赞助者都雇他为军事工程师，时而又埋头反复探索可由人力驱动的飞行器，描摹他难以企及的梦想。虽说这是一场美好无比却注定失败的斗争，今日看来却充满了浪漫情怀。列奥纳多的勇于尝试并非天真任性所使，而是屡次研究鸟类飞行和空气特性的结果。五个世纪后，顶尖的科学家依旧带着不切实际的热情憧憬未来，列奥纳多也不例外。他处于那个年代科学的顶端。

尽管列奥纳多的发明数不胜数，付诸实践的却寥寥无几。也许是缺乏实用性，也许预算不如意，或是科技水平不允许。换句话说，他颇具前瞻性。我们可以将列奥纳多和19世纪末杰出的塞尔维亚发明家尼古拉·特斯拉做比较。他们都显示出超凡的才能，成为时代的闪耀之星，同时，都伴有某种相似的孤独，无须婚姻和家庭生活。特斯拉承认没有多余的时间谈情说爱，

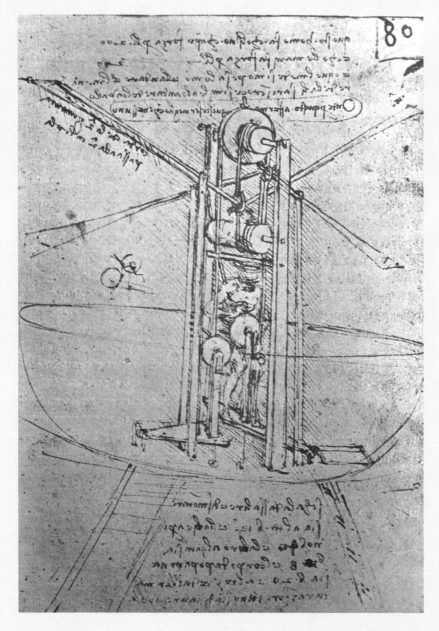

飞行器图

1487 年前后，金属铅笔、羽毛笔和墨水

23.5 厘米×17.6 厘米，法兰西学院（法国巴黎）

同样，列奥纳多也终身未婚，他的性取向至今是个难解的大谜题。也许我们可以推测，富有创造力的天才可能导向无性恋，反之是否亦然不在我们的讨论范围。

艺术家

列奥纳多对艺术的热情不仅限于绘画，在本书将涉及绘画部分，但这只是他表达自我的方式之一。他是早期的音乐家，创作过优美的旋律，虽然几乎没有留下曲谱。同时，他还发明了新型乐器，并在笔记本中绘制出来。今天，人们重塑了这些乐器，还用它们演奏。列奥纳多是个乐迷，据他记载，人们在音乐的陪伴下能更好地工作。

列奥纳多在为美第奇家族、斯福尔扎家族和法国国王弗朗西斯一世效力时，被委托策划庆典节目。他结合创造的能力和对艺术的感知，负责舞台布景、音乐创作和服装设计，向我们展现了舞台设计师和剧本作家的才能。并且他为节目准备的菜单也在当时堪称一绝。列奥纳多在佛罗伦萨安德烈·韦罗基奥的作坊当学徒时，曾当过酒馆老板，用来支付学费，本书将涉及这个不寻常的经历。

他还是技术高超的雕塑家，几年中，设计了史上最庞大的骑士纪念碑。为了纪念斯福尔扎家族成员，他设计了一尊宏伟的骏马雕塑。也许这会令他声名远扬，然而这件作品并未完工。20 世纪末，一尊骏马雕塑矗立于米兰，这个新奇的故事我们也

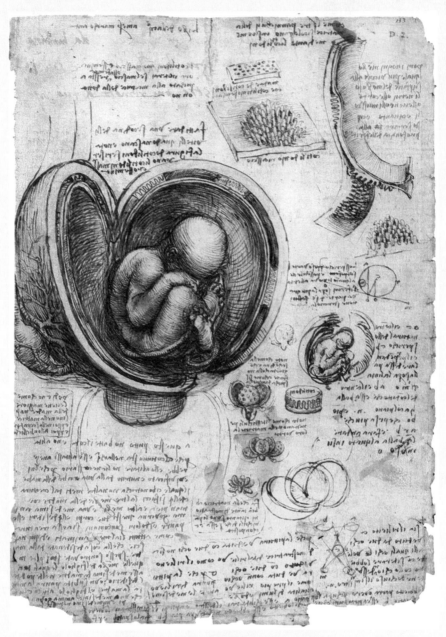

子宫里的胎儿图

1512 年前后，羽毛笔和墨水

30.5 厘米×22 厘米，《温莎手稿》（英国伦敦）

将娓娓道来。

最后出场的将是列奥纳多现存的手稿。尽管时间抹去了其中大部分，但列奥纳多笔记的丰富程度依旧是文艺复兴时期之最。今天，我们可以查阅部分电子版手稿（详见参考书目），一些国家级的图书馆成为享有它们的幸运儿。同时，我们对手稿的详情做了必要标注（尺寸、技法等）。

是天才，亦是人类

也许现代人对列奥纳多的崇敬带着一丝宽厚和迁就，好似对待一个为人类贡献尚可的人。我们可以说，他的作品并未令我们神魂颠倒，而且未来是变幻莫测的。但在他辞世的五百年后，依旧吸引我们的是他天生卓越的智慧和拒绝因循守旧的态度。即便是失败，也分为有收获与无所得两种结果，列奥纳多属于前者。他是为我们指引方向的北极星，我们需要知道今天的自己比昨天的更好，当我们遥望他时，知道希望依稀可见。

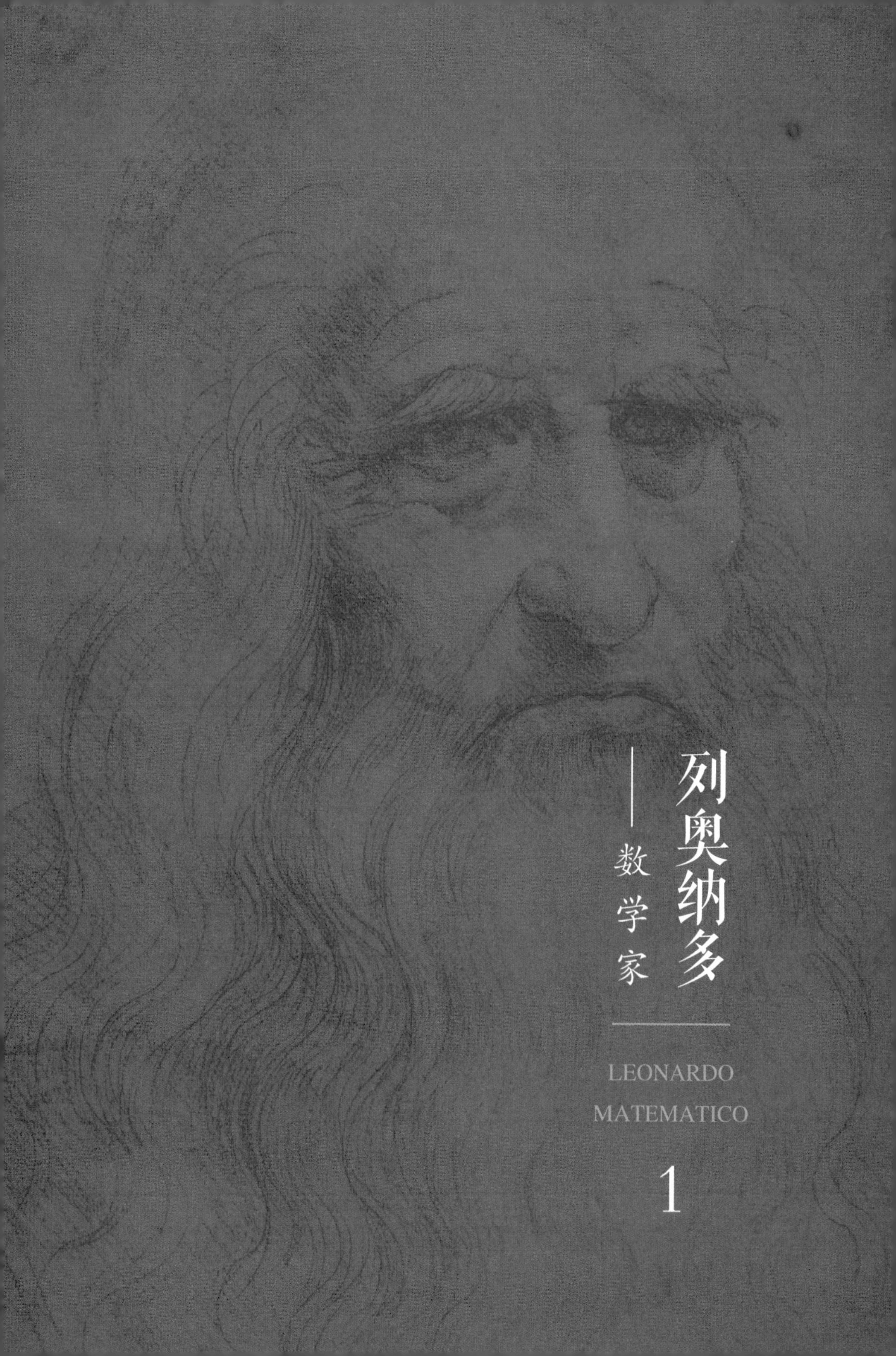

列奥纳多

——数学家

LEONARDO
MATEMATICO

1

黄金比例

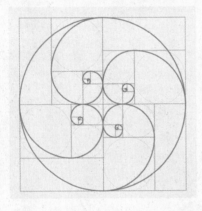

运用黄金比例，图形的排列呈现和谐美妙的组合。

众多艺术家和插画师遵循"黄金比例"的原则，创作出对称而精美的图案。如18页所示。

纵观世界，无论借助显微镜窥探，还是通过望远镜眺望，抑或仅仅肉眼一瞥，都会发觉多样的自然界反复呈现相同的比例。这就是"黄金比例"，这是一个最初由欧几里得阐明的数学概念，列奥纳多将其运用到绘画构图中。天才的头脑始终蕴藏着一股科学的力量。

我们记下这个数字：1.61803399……如果觉得碍眼，不妨直呼其名——斐（φ）。这回顺眼多了。即便只是个数字，背后却饱含故事。

早在公元前 300 年左右，"斐"就已出现在亚历山大里亚的欧几里得的笔下，远在列奥纳多生活的时代之前。这位"几何学之父"在他的奠基之作《几何原本》中，首次提出"中末比"的概念。借用西班牙建筑师拉斐尔·德拉·霍兹（1924—2000）的话来说，

"欧几里得的公式仅仅说明，当一个矩形的长边及两边之和组成的另一个矩形形状与它本身相同时，它就是最完美的矩形"。

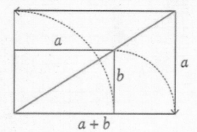

如果用数学方程式表示，即如下图：

$$\frac{a+b}{a} = \frac{a}{b}$$

我们也可以这样表示：两边之和 a+b 与长边 a 的比，同长边 a 与短边 b 的比相同。

神圣比例存在于自然界中

中世纪是欧洲知识界漫长的黑夜，对于彼时黄金比例的发展，我们几乎一无所知（除了印度）。只有"比萨的列奥纳多"——著名的斐波那契（约 1170—1240 年），描述出以他名字命名的数列：0，1，1，2，3，5，8，13，21，34，55，89……

在这一数列中，如果我们将其中一个数字除以相邻的前一个数字（数列中最初几个除外），得到的结果约等于"斐"。

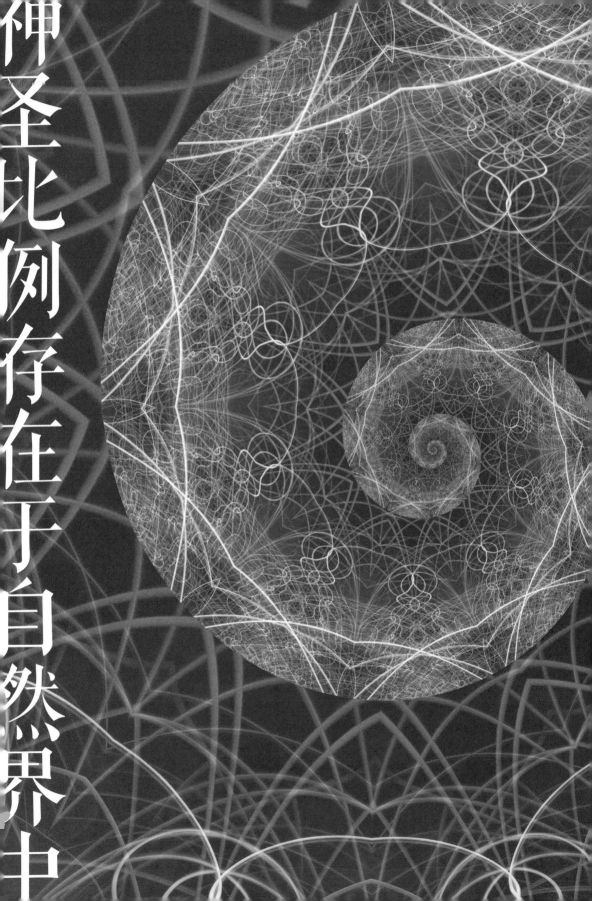

神圣比例存在于自然界中

此外，当构建图形时，如果边长运用了斐波那契数列，得出的图样与黄金矩形类似。如果在这些遵循斐波那契数列规则的正方形内沿着对角勾画弧线，将会出现"斐波那契螺旋线"，这与黄金螺旋线接近，也被称为"对数螺旋线"，带有黄金矩形的几何特性。

文艺复兴：绝美而匀称

现在，我们进入达·芬奇生活的文艺复兴时代，他的朋友——数学家卢卡·帕乔利（约 1445—1517 年）也身处其中。达·芬奇在卢多维科·斯福尔扎的米兰宫廷任职时结识了他。卢卡·帕乔利撰写了《神圣比例》一书，为他绘制插图的正是达·芬奇。书中重现了这个比例，解释了它的特征，给出形容它"神圣"的原因："因它高高在上、尊贵卓越、难以想象、无法估量、不计其数、令人钦佩、无法比拟、独一无二的等等特性，与上帝本身有着异曲同工之妙。"帕乔利认为，黄金比例的不可度量性与上帝的至高无

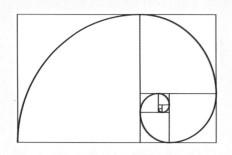

将正方形的对角通过弧线相连,斐波那契螺旋线应运而生,这与黄金螺旋线相似,即带有黄金矩形几何特性的对数螺旋线。

基奥普斯、卡夫拉和孟卡拉金字塔的比例与黄金分割有关。

上可以画上等号。"神圣"这一修饰语始终伴随欧几里得描述的比例。最早认知的"黄金"的说法出现于1835年左右。

从那时起,黄金比例引起了各时代伟大艺术家和科学家的关注。画家阿尔布雷特·丢勒(1471—1528)描述了怎样依照黄金螺旋线的原则绘画线条;天文学家约翰内斯·开普勒(1571—1630)绘制出一个直角三角形,它的三边分别组成的

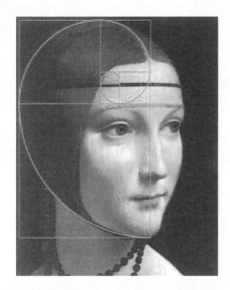

《抱银鼠的女子》细节图。众多研究发现，画中女子脸部的比例特征和其他细节符合黄金螺旋线。

正方形面积呈等比数列，其公比为黄金比例；荷兰画家约翰内斯·维米尔（1632—1675）是黄金分割的忠实追随者；同为荷兰人的新造型主义画家彼埃·蒙德里安（1872—1944）也依据黄金比例创造出绝大部分作品。此外，在相对孤立却与数学相关的领域，比如音乐，也有黄金比例的一席之地：众所周知，音乐家克劳德·德彪西（1862—1918）的印象派作品中常常浮现神圣比例的光影。

同时，建筑也展现出黄金比例的自然依托。基奥普斯大金字塔（约公元前2600年）一面的高度与基座长度一半的比例为1.618，其总面积与一个侧面面积的比例是黄金比例，其侧面面积与基底面积的比例依旧是这个数字。早在欧几里得提出这个数学概念之前，希腊帕特农神庙的建造（公元前5世纪）就已经考虑到建筑顶部、柱子和其他部分的关系。

当代建筑师勒·柯布西耶（1887—1965）依据黄金比例，进行了著名的解剖学研究，并将作品取名为《模度》，将建筑和人体的比例互相关联。总体来说，黄金比例是现代建筑的支撑，无论是日新月异的外部造型，还是规模较小的元素（如门和窗），尤其在装饰领域，都在寻觅着"斐"的和谐之美。

列奥纳多创造力的螺旋线

列奥纳多与此何干？我们前面提到，他是方济会修道士卢卡·帕乔利的好友。帕乔利作为数学家，发明了复式簿记，即每一笔账记录两次，一次是借方，一次是贷方，为此他被誉为近代会计的奠基人。帕乔利教列奥纳多解决一些数学问题时，毫无疑问帮助他掌握了黄金比例。

几个世纪以来，列奥纳多将黄金比例运用到绘画中已不是

《最后的晚餐》。众多艺术史学家观察到了黄金比例在画中的运用。

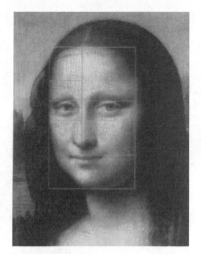

无数对《蒙娜丽莎》的研究都试图证明，画中女子的脸部微妙地反映了黄金分割及黄金螺旋线。

秘密。然而，人们对此所做的研究层出不穷，数据表明，此举并非偶然，因为神圣比例频繁出现在他的所有画作里。

例如，我们把他画中的场景投在屏幕上，并叠印黄金比例中最常见的图形，我们发现，他的作品几乎分毫不差地与这个比例重叠，人物脸部尤为明显。当然，黄金比例在他的人体研究作品《维特鲁威人》中也有部分体现。

自然界的比例

毕达哥拉斯在大约公元前 500 年时说，万物的和谐即为数的和谐。万物包含了绘画、建筑和音乐，当然也包括自然界。黄金分割的和谐总是以出其不意的方式出现在各个角落。在人体均匀的心跳周期中，心室的运动规律遵循黄金比例。在自然的王

无数对《蒙娜丽莎》的研究都试图证明，画中女子的脸部微妙地反映了黄金分割及黄金螺旋线

国中，黄金分割更是屡见不鲜：无论是苹果的核，蜘蛛网的形状，还是软体动物的贝壳，象牙的弧度，飓风的形态，等等。

斐波那契数列也隐藏在自然界中。例如，向日葵的花盘上有 21 条螺旋线朝着一个方向，另外 34 条朝着相反方向，这是斐波那契数列中连续的两个数字；菠萝表皮上的螺旋线有一部分朝着顺时针方向，另一部分则是逆时针方向，其数值也反映了斐波那契数列。同样，植物学家观察到，大多数植物拥有的花瓣数量是 2、3、5、8、13、21、34 或 55；在化学界，许多种类的玻璃由黄金比例的分子图构成，其成分最稳定；天文学家甚至断定，银河系的旋臂间距也与黄金比例密切相关。

然而，也许我们生活中最常见的神圣比例出现在身份证、银行卡或者名片上，它们的边长比通常是 1：1.618。我们可以打赌，列奥纳多不知道这个秘密。

拉法埃尔·阿尔维蒂的黄金诗歌

拉法埃尔·阿尔维蒂①，这位西班牙加的斯的诗人早年倾心于绘画，半途转向诗歌创作，而后者受到前者的裨益。1948 年，他在流亡布宜诺斯艾利斯期间出版了诗集《致绘画》，以此向史上伟大的画家及作品致敬，其中一篇名为《致黄金比例》：

---

① 译者注：20 世纪西班牙内战的悲剧性结局导致大批文人背井离乡，出现了流亡文学，拉法埃尔·阿尔维蒂（1902—1999）是其中的代表人物之一。

一只鹦鹉螺的贝壳，体现了 1:1.618 黄金比例特征。然而，纵使自然界存在许多黄金比例，大多数生物还是"自由发挥"的。

致你美妙的法则，

匀称的身段，

甘愿落入你神圣的法网，

从此一览无余。

致你视觉的乐园，

黄金的分段，天蓝的方形，

庄重而神秘的泉，

由和谐的宇宙孕育。

致你角状的梦之海，

匀称的五瓣花，

十二面体的蓝，悦耳动听的弧。

热情的节拍是起舞的光，

你的歌声是清朗的天际。

致你，神圣的黄金比例。

维特鲁威人

下页的那幅图不仅是列奥纳多的作品，更是全人类的宝藏。也许有人没见过它，甚至不晓得它出自列奥纳多之手。几个世纪后，这幅最初基于一个罗马人的理想比例变成了文艺复兴人文主义的流行符号。因此，我们应当对它有所了解。

这可能是列奥纳多最出名的画作，然而并不完全出自他。1490年在米兰时，他依照罗马建筑师马库斯·维特鲁威·波利奥在公元前1世纪的阐述绘制了这幅作品。重温罗马和希腊的古典文化是文艺复兴时期的流行趋势。维特鲁威也许是他那个时代主要的建筑师，年轻时为尤里乌斯·恺撒大帝效力，而后逐渐担负起各项重任。例如他的罗马式火炕供暖系统，为罗马提供了中央供暖。篝火向空气导热，进而扩散到公共浴室和城镇的地下及墙壁间。这可以说是人类文明的一

维特鲁威的《建筑十书》，1552年版

27

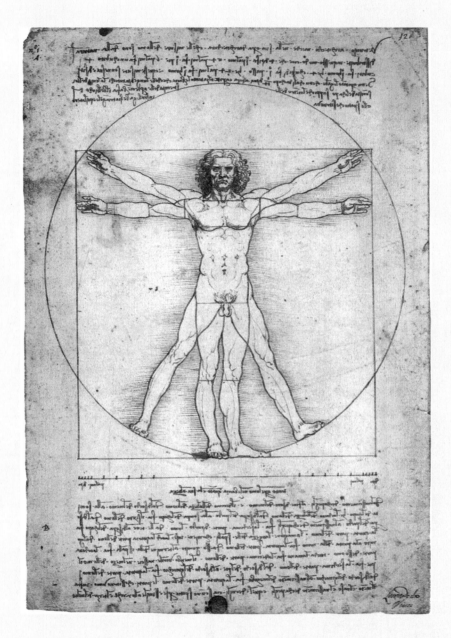

维特鲁威人

34.6 厘米 × 25.5 厘米

威尼斯美术学院画廊（意大利）

大飞跃，改善了生活的品质，沿用至今。

正因为维特鲁威的贡献，他当之无愧地成为 15 世纪研究的对象。他的《建筑十书》是流传至今最古老的建筑专著，多亏了人文学家、诗人弗朗切斯科·彼特拉克（1304—1374）的抢救，成了唯一幸存的古典建筑典籍，也是文艺复兴时期建筑师视为珍宝的圣贤之作。这部作品记载了一系列描绘人体的理想尺寸。为何如此？维特鲁威在其第三书中着重阐述了人体的比例，认为这是建筑应引以为鉴的要素。

"正如各个肢体和部分构成了人体，如果一座庙宇的比例不协调、不对称，就无法呈现良好的外观。"

多样的诠释

彼特拉克对维特鲁威著作的传播历经坎坷。作品原稿是大约 1300 年前用一种复杂的拉丁文撰写的，此外，它面向的读者是建筑师，而非人文学者，因此词汇上更显得晦涩难懂。最重要的一点是，作品不配有任何插图。

越来越多的学者加入著作的翻译行列之中，在文艺复兴时期的几年间，诞生了多种维特鲁威理想人体的图形诠释。

有些好奇心重的人惊讶地发现，在列奥纳多之前，早已经出现相似图形，因而大跌眼镜。然而事实并非如此，恰恰相反，尽管众多研究人体解剖的学者描绘出各自的维特鲁威人，但只有达·芬奇的作品才堪称完美。

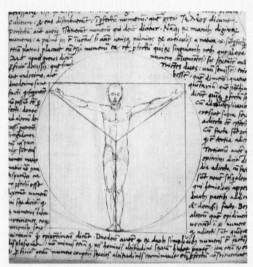

加科莫·安德烈·费拉拉绘制的《维特鲁威人》，
1490 年前后

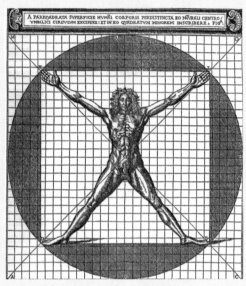

切萨雷·切萨里亚诺绘制的《维特鲁威人》，1521 年

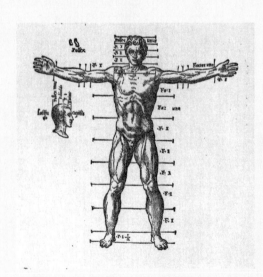

建筑师安德烈·帕拉蒂奥为丹尼尔·巴巴罗编译
的《建筑十书》（1567 年版）绘制的《比例的研究》

例如，1470 年，弗朗切斯科·迪乔治·马蒂尼 (1439—1502) 画出维特鲁威人，但并未忠实还原著作的描述；弗雷·乔瓦尼·焦孔多（1433—1515）作为该书插图本首版（1511）的负责人，也未能接近这一目标；切萨雷·切萨里亚诺（1475—1543）于 1521 年将原著翻译成意大利文，像列奥纳多那样，将人物镶进一个圆形和一个方形中，看上去勉强做作，似乎为了迁就这两个图形，双腿和手臂的比例都失调了；弗朗切斯科·乔尔吉（1466—1540）于

30

1525 年描绘的维特鲁威人仅被困在一个狭小的圆圈里，无法自如伸展。

值得一提的是加科莫·安德烈·费拉拉绘制的人体，卢卡·帕乔利曾说："加科莫与列奥纳多情同手足。"有文字记载，加科莫创作的版本更为原始，略早于列奥纳多。因此，很有可能他们同时创作，并驱争先。并且，两人使用的纸张尺寸相似，图像的边长完全相同，都是 18 厘米。1500 年，加科莫在法军攻占米兰时因公然反抗而被逮捕，处以绞刑，其被肢解的尸体于城门示众，以警告政见不一的反对者。而列奥纳多逃过了一劫。

不朽的图案

时至今日，这一作品被不断复制，显得稀松平常甚至有些时髦，就像切·格瓦拉的照片和其他流行符号那样。

对于列奥纳多来说，它却充斥着人文主义内涵。文艺复兴对人体比例的研究是置人于核心地位的表现，人成为万物的"度量衡"。这幅作品本身展示出人体的匀称，也进一步暗示了宇宙的和谐。

列奥纳多的《维特鲁威人》又称为《人体理想比例的研究》，结合了他对人体的观察及对古老文字的研习成果。列奥纳多在绘制圆形和方形时注意到，它们不可能共用一个中心：圆形的中心在肚脐的位置，而方形的中心位于生殖器。而这体现了列奥纳多的创新性，使其脱颖而出。那么，黄金比例在哪里有所

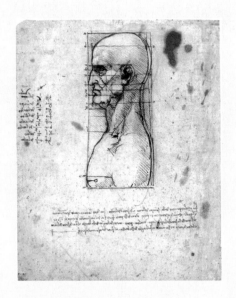

人体头部的比例研究，约1490年
羽毛笔和墨水，28厘米×22.2厘米
威尼斯美术学院画廊（意大利）

呈现呢？事实上，虽然浮言遍布，但列奥纳多并未就着黄金比例创作他的维特鲁威人，唯一的参照是维特鲁威的描述，只有人体身高和肚脐到脚的长度之比是个例外。作为杰出的解剖学家，列奥纳多终其一生基于自己的观察，完成了其他人体比例的相关研究。

达·芬奇这幅作品使用的纸张尺寸是34.6厘米×25.5厘米，使用钢笔、羽毛笔和墨水绘制而成，现存于多尔索杜罗区的威尼斯美术学院画廊。作品不属于常设展品，只在有限的场合中展出。

当我们下次看到它印在宣传海报或T恤衫上时，默许之余也理解了其中的真意。

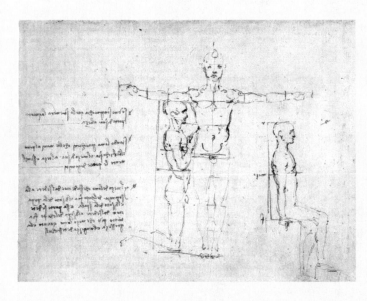

关于人体比例的研究
约1490年
铅笔和墨水，15.9厘米×21.6厘米
威尼斯美术学院画廊（意大利）

维特鲁威和列奥纳多

尽管列奥纳多依据维特鲁威的文字研究绘制出理想的人体，可他依旧对它做了修改，我们可以比较一下两个版本：

维特鲁威

人体是大自然分配的产物。下巴到前额发际线的距离是身高的十分之一，手腕到中指尖的距离也是身高的十分之一。下巴到头顶的距离是身高的八分之一。胸骨到发际线的距离是身高的六分之一。胸部中间到头顶的距离是身高的四分之一。从下巴到鼻子底部的距离和从眉毛到发际线的距离各占脸长的三分之一。脚的长度是身高的六分之一。前臂的长度和胸部的宽度都是身高的四分之一。身体的其他部分同样比例匀称……肚脐是人体的自然中心。事实上，如果一个人仰面朝天，四肢伸展，以肚脐为中心，用圆规勾画圆圈，那么手指和脚趾将触碰这个圆圈的边缘。同样，我们也可以勾画一个方形：如果测量这个人从脚掌到头顶的距离，将同展开双臂的长度相等，即长与宽的距离一致。

列奥纳多

四指为一掌，四掌为一足，六掌为一腕尺，四腕尺为人的身高。四腕尺为一步，二十四掌也为人的身高。这些测量方式他也运用到建筑中……展开的双臂长度与人的身高相等。下巴底到发际线的距离是身高的十分之一，下巴底到头顶的距离是身高的八分之一。胸部上缘到头顶的距离是身高的六分之一。胸部上缘到发际线的距离是身高的七分之一。乳头到头顶的距离是身高的四分之一，双肩的宽度是身高的四分之一，肘部到指尖的距离是身高的五分之一，肘部到腋窝的距离是身高的八分之一。手掌的长度是身高的十分之一，生殖器根部是人体的中分点。脚的长度是身高的七分之一。脚掌到膝盖下部的距离是身高的四分之一，膝盖下部到生殖器根部的距离也是身高的四分之一。下巴底到鼻子的距离和发际线到眉毛的距离相等，同耳朵的长度一样，是脸长的三分之一。

——建筑师和城市规划师

列奥纳多

LEONARDO
ARQUITECTO Y URBANISTA

2

城市规划

为了改善城市的面貌，列奥纳多的王室雇主们常常希望利用他的聪明才智。那时的需求与今天的相似——卫生的环境，便利的交通，资源的优化，等等。达·芬奇在图纸上勾画蓝图，最终成为现实的却寥寥无几。即便如此，我们还是可以从中看出他长远的目光。

为了更好地理解列奥纳多作为城市规划师的这一阶段，我们有必要熟悉他那个年代的城市状况。中世纪晚期，大量农村人口涌入城市，城市人口剧增，逐渐产生了以商业、手工业和借贷为生的中产阶级，他们常常组织行会，聚集在城市某处，因此那里的街区、街道也就以他们的职务命名。他们所到之处兴盛起来的城市并未经过专门的规划。

意大利北部地区如威尼斯、比萨、热那亚、米兰、佛罗伦萨和维罗纳，都是小型的

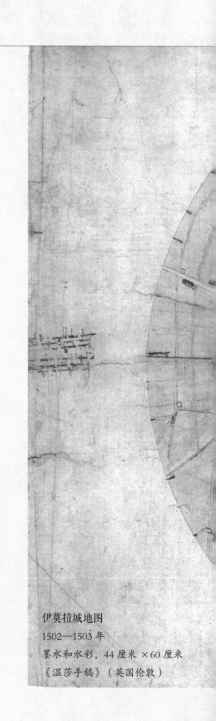

伊莫拉城地图
1502—1503 年
墨水和水彩，44 厘米 ×60 厘米
《温莎手稿》（英国伦敦）

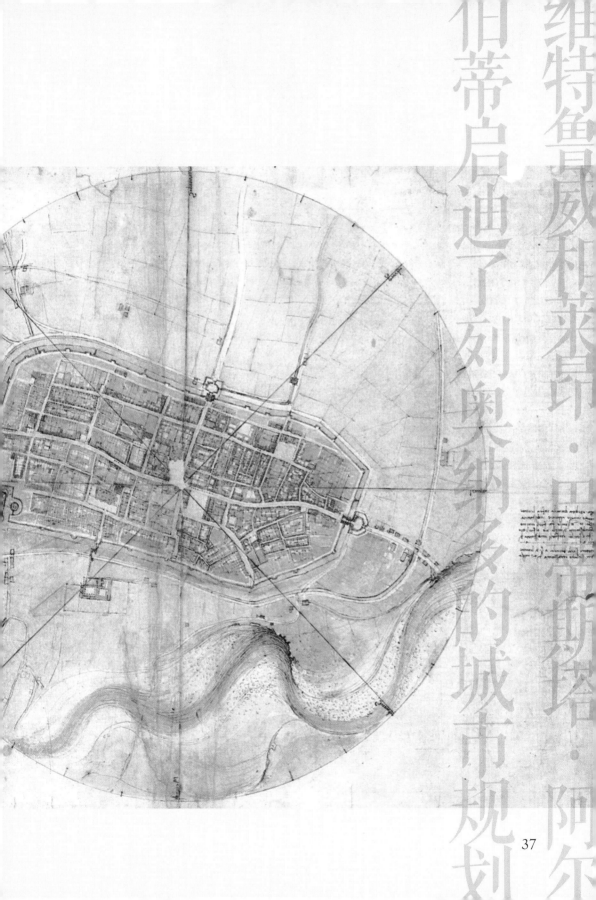

列奥纳多为米兰大运河
（米兰）设计的闸门和
排水渠，1490年前后

独立城邦，互相攀比。我们今天认知的"国家"这一概念，那时尚未出现。这些城邦的敌对关系不仅反映在政治层面，还涉及艺术文化领域，它们渴望在各方面独占鳌头，青史留名。

当文艺复兴的精神渗透到这些建筑师——城市艺术家们的血脉中时，也掀起了回归古典的浪潮。从前文中，我们已经了解到维特鲁威著作的出版，这位杰出的罗马人提倡城市的方格布局。新兴的"人文主义"建筑师主张统一的城市，重视城市规划图的作用。其中莱昂·巴蒂斯塔·阿尔伯蒂（1404—1472）尤为突出，他可能是当时影响最深远的城市规划师。

1485 年，在他身后才出版的《建筑论》对维特鲁威的著作进行了评论性的解读，列奥纳多很可能是他的读者。

新水源，新米兰

当列奥纳多 1482 年左右搬至米兰时，这座城市被城墙包围，有 10 万多居民，街道呈放射状，狭窄拥挤，卫生状况堪忧，是一座典型的脏乱喧嚣、臭气熏天的中世纪大城市。这样的环境为黑死病提供了温床，1484 年至 1485 年间，超过一半的居民死于该病，人口骤减至 4 万多。

米兰公爵卢多维科·斯福尔扎攥着列奥纳多这张"全能王牌"，请他分析这一流行病致命的原因，并制定新的方案，改善卫生条件，使城市变得宜居，以免重蹈覆辙。列奥纳多验证了城市极其肮脏的状况，于是提交了一份文艺复兴式的理想城市规划图。

列奥纳多着重改良提西诺河分散的河道。他挖深河道，提高了河水流速，以便利货物的运输和居民的交通，同时还有助于废水的排放，此举实属创新。直角的河

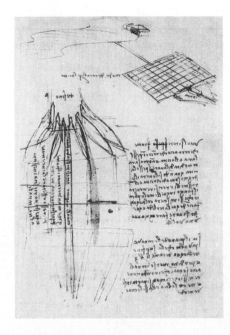

运河网示意图，《手稿 B》38r 页
法兰西学院图书馆（法国巴黎）

道设计有利于河水的流动和透气，遏制了恶臭和疾病的产生。此项工程虽然复杂，但大获成功。几个世纪以来，米兰人都享受着运河网的恩泽。

关于理想城市

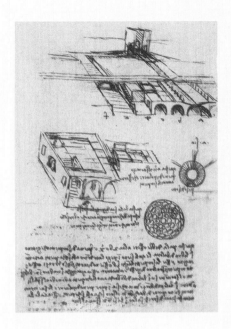

双层街道，《手稿B》37r 页
法兰西学院图书馆（法国巴黎）

　　列奥纳多还描绘了他理想中的一座全新的米兰城，只是与河道规划不同，这一设想未能成为现实。假如落实，必将是一项宏伟而昂贵的工程。

　　他构想建立若干"卫星城"，均为3万左右居民的规模，完全是现代卧城的雏形，也是一次创举。他的城市规划图呈方形（或矩形），其中包括提西诺河及其他支流的河道系统。

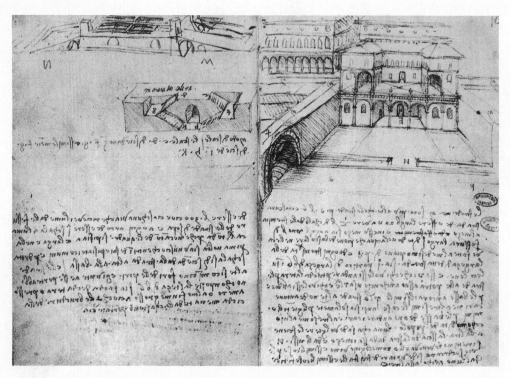

城市高层街道的房屋和交通
《手稿 B 》16r 页
法兰西学院（法国巴黎）

　　他的创新不限于此，而且颇有远见，几乎是乌托邦式的，这并不完全是因为技术难度的挑战已成为难以逾越的障碍，挑战也意味着革新。我们能看到令人惊叹的变革：城市不再由城墙包围，这在当时简直不能理解——城墙是保护的屏障，能抵御外来的侵犯。然而它也封闭了人们的视野，除此之外还有一个缺陷，即需要花费巨额的资金来建造和维护。

　　他设想了一种双层街道的平面图：高层的街道明亮，可供自由通行；低层的街道相对昏暗，用于车辆的来往和服务行业的运作。街道应当宽敞，"和房屋的

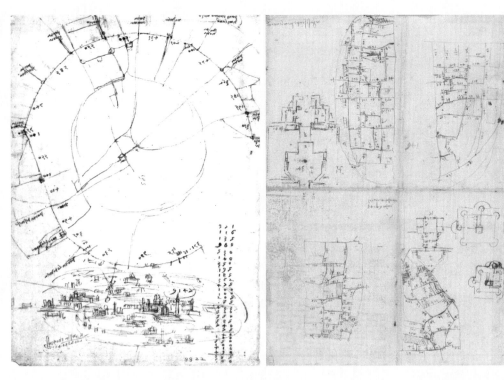

左图：米兰简要平面图
1508—1510 年，《大西洋古抄本》
安布罗西亚纳图书馆（意大利米兰）

右图：伊莫拉城平面草图
1502 年，铅笔和墨水
28.6 厘米 ×20.1 厘米，《温莎手稿》（英国伦敦）

高度一样"，并设计凹槽，供废水的排出。两层街道均配备交通枢纽。

关于最后一点，列奥纳多指出："高层街道不应有车辆通过，仅供优雅的人们步行。低层街道用于普通民众的车辆和载货牲畜的通行，房屋背对背排列，低层街道处于中间位置……地下通道用于马车的通行，且安置马厩等有异味的场所，拱门之间的距离是 300 意尺 [①]，每条路通过上方街道的开口接收光线。"

这意味着不仅在物理层面，也在社会层面将城市一分为二，无意间透露了社

[①] 译者注："意尺"是意大利古老的长度单位，1 意尺通常等于 66 ~ 68 厘米。

会阶层的区分。达·芬奇并未设计位于地下通道的房屋，也没有迹象表明他会这么做。但可以肯定，他会清晰地划分阶层，令富人生活得更加舒适，而穷人相对感到压抑。对于前者，列奥纳多设计了安全有效的运河网，规定了房屋的总高度和较低楼层的高度，还有为了方便通风的客厅朝向，每座房屋门的位置，等等。他留出大片区域作为公共空间，供居民放松身心，面面俱到地规划每个细节，设计出一座可行的理想之城。这些构想不仅是一个里程碑，对于城市规划和政治社会更是一大进步。然而，这个项目并未落实，也许因为资金的短缺，或者因为米兰在法国虎视眈眈下的动荡局势。

纪念列奥纳多而建造的雕塑
作者为皮埃德罗·马格尼，米兰斯卡拉广场

为波吉亚家族效力的城市规划师

1498 年左右，列奥纳多在热那亚规划防御系统，以抵挡法国可能发动的侵略。同年，法国国王路易十二继位，认为自己对米兰公爵的领地拥有权利，战争一触即发。列奥纳多并不偏向任何一方，因为他所做的是为了城市，并不在乎谁来掌权。

诸多史实表明，1499 年列奥纳多结识了切萨雷·波吉亚，那时后者正联合路易十二攻占米兰。波吉亚是个好战之徒，还是教皇亚历山大六世之子。1502 年他委托列奥纳多建造攻城梯、运河等工程，还包括一些项目的修复。从下面这封命令书中，可以看出他给了列奥纳多

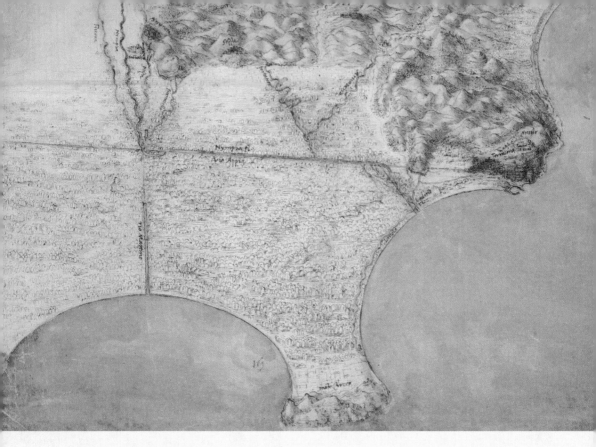

蓬蒂内沼泽平面图，1514年前后
混合技法，27.7厘米×40厘米
《温莎手稿》（英国伦敦）

极高的荣誉和赏识：

"致我们的中尉、边防长官、指挥官、雇佣兵、士兵及其他所有人：请给予我们备受爱戴的工程师朋友列奥纳多·达·芬奇通行许可。我们委托他检查管辖区内的城堡和要塞，并且赋予他对于一切设施进行维护、修改的权力。请友好地款待他和他的助手，他可任意检查、测量和施工，为此请给他提供一切便利。"

列奥纳多开启了他的旅程，足迹遍布乌尔比诺、佩萨罗、里米尼和拉韦纳。他在皮翁比诺设计了沼泽排水系统，在切塞纳规划了一条可以通往切塞纳蒂科港口的大运河。有趣的是，列奥纳多在乌尔比诺遇见了佛罗伦萨派来的尼科洛·马基雅弗利，两人从此成为挚友。

这一时期，他也完成了一幅因完美而著称的平面图——伊莫拉城平面图(见第37页)。他采用了阿尔伯蒂1450年创造的"数学游戏"绘图法[1]，即从一个点出发，可以测量到达任意点的距离。列奥纳多绘制的平面图相当精准，即使与当今绘制的地图相比，也相差无几。这一方面归功于测角仪(在测绘学中用来测量角度)的发明，另一方面是达·芬奇本人的功劳。

列奥纳多在旅途中继续追随波吉亚，并再次来到皮翁比诺的厄尔巴岛。在那里，他研究波浪的运动，并试图用它来求解化圆为方，解释浪花如何撞上海岸飞溅起来。但他这一阶段的主要任务是绘制意大利中部多个地区的平面图。

永恒的城市规划师

1513年，新教皇利奥十世上任，列奥纳多再次获得美第奇家族成员的赞助。他被委派了一项设计蓬蒂内沼泽排水方案的工作，这片区域肮脏不堪，将教皇的管辖置入窘困的境地。

该工程需要对沼泽下游河段进行疏浚，将流水引向乌芬特河(Ufente)的河床。排水工程激起了当地居民的强烈抗议，他

---

[1] 译者注：出自莱昂·巴蒂斯塔·阿尔伯蒂的著作《数学游戏》(*Ludi Matematici*)，创作于1450—1452年，是艺术与科学结合的典范。这部著作试图通过游戏、历史、场景假设等方式解决物理学和几何学问题。

们个个声称对这片区域有使用权。美第奇家族的首领包括利奥十世相继离世后，工程搁浅，这一问题直到 20 世纪后才得以解决。

列奥纳多作为城市的规划师，河流的"造物主"，构思了一幅结束佛罗伦萨和比萨之战的草图：切断流经比萨的亚诺河，将其改道，并从佛罗伦萨汇入大海。诸如此类不切实际的幻想以手稿的方式被保存下来，例如这架挖掘机的设计图。

列奥纳多生命的最后阶段为法国国王弗朗西斯一世效力，在位于昂布瓦斯的城堡安度晚年。他常年累积的丰功伟绩足以令现代学者仰视，证明他是史上第一位现代都市的建筑师。

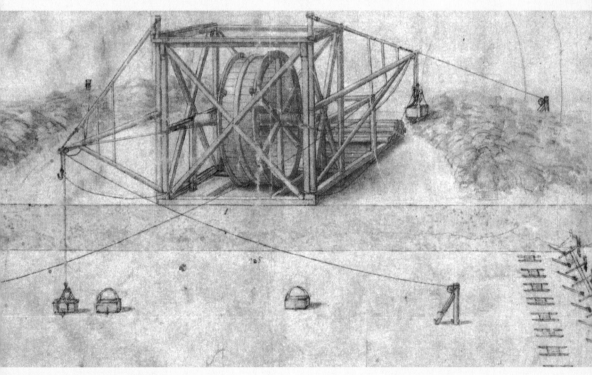

传统运河挖掘机的研究，1503 年前后
《大西洋古抄本》3r 页
安布罗西亚纳图书馆（意大利米兰）

金角湾大桥和其他桥梁

我们的托斯卡纳天才也是建造桥梁的专家，有时是为了城市风貌和文化元素的融合，有时则是为了配合赞助人的要求制造战争设施。在本章，通过几个重要实例，我们将惊讶地发现，他的想象力依旧影响着五个世纪后的今天。

1500 年，土耳其苏丹巴耶塞特二世——著名的苏莱曼一世的祖父，收到了一封神秘来信，洋洋洒洒的，其中有这么一段话：

"您卑微的仆人听说，您有意修建一座横跨伊斯坦布尔和加拉太的大桥，可惜未找到合适的人选完成这一大任。鄙人作为您忠实的奴仆，知道如何做到这一点。"

我们不难猜到，写信人就是列奥纳多。这个从不受制于宗教束缚的托斯卡纳人有着自由的灵魂，不愿放过任何一个发挥恢宏想象力的机会。因此，哪怕与当时的"敌人"

列奥纳多写给苏丹巴耶塞特二世的信，1952 年在伊斯坦布尔托布卡比宫档案中被发现。

49

刻奥纳多梦想的未来之桥

联系也不在话下。在信中，他确信自己能够建造一座那个时代最高的桥梁，史无前例。

一些缺乏理据的传说把列奥纳多和伊斯坦布尔联系起来。有人说这位博学家差点儿就为苏丹"征服者"穆罕默德二世绘制肖像，还有人说他想入驻巴耶塞特二世的宫廷，担任艺术家兼工程师。这封信于1952年在伊斯坦布尔被发现，不禁令人浮想联翩，也许这些传言并非不着边际。

列奥纳多设计的这座桥梁连接了金角湾两岸和处于亚欧之间的博斯普鲁斯海峡。桥梁呈拱形，石质，中间最窄，拱柱最宽，与两岸相连。桥宽24米，跨度240米，桥高距涨潮期水位40米。

列奥纳多在桥墩处设计了两个花岗岩拱，这种材质足以支撑主拱的压力，整座桥也得以展现出纤细的造型。花岗岩拱最薄处65厘米，向两边扩展至4.5米，墩柱底座14米。

当今众多专家声称，列奥纳多的设

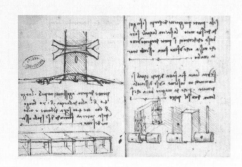

列奥纳多为金角湾大桥绘制的草图，《手稿L》。
现存于法国巴黎的法兰西学院。
从中可以看到桥梁的鸟瞰图，两端呈燕尾状。
草图下方是桥的轮廓，总长 360 米，主拱跨度 240 米。

想与其说是雄心壮志，不如说是白日做梦。就当时的技术水平而言，建造类似的木制拱桥已实属不易，很难找到足以支撑巨大压力的地基，以防金角湾大桥坍塌。无论如何，除了技术层面的限制，这项工程更意味着文化的超前性。若得以实施，这座桥梁将连接奥斯曼土耳其的伊斯坦布尔和君士坦丁堡，一边是宏伟的清真寺、惬意的土耳其浴和琳琅满目的市集，而另一边是加拉太塔周围生机盎然的热那亚人、塞法迪犹太人、黎凡特人、希腊人和亚美尼

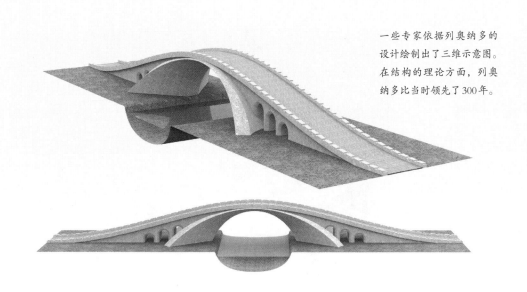

一些专家依据列奥纳多的设计绘制出了三维示意图。在结构的理论方面，列奥纳多比当时领先了300年。

伊斯坦布尔的欧洲部分，前方是加拉太大桥，背景是加拉太塔。

土耳其政府计划依
照列奥纳多的设计
在金角湾新建的大
桥的模型

亚人。

　　同样，文艺复兴也被视为一座桥梁，桥的一头代表中世纪的黑暗，另一头则象征现代文明的曙光。列奥纳多设计的桥本可将这座独一无二的城市的两个截然不同却和睦共处的部分沟通起来，可惜它未能成功修建。

　　列奥纳多并未成功说服巴耶塞特二世采纳他的提议。后者对这位天才的野心产生了怀疑（尽管证据并不确凿），因为他还想建造一座西斯廷教堂。

　　然而，一个出资人首先寻求的是安全可靠，而列奥纳多的设想缺乏保障。他最终未和苏丹见上一面，更没有亲眼看见君士坦丁堡、博斯普鲁斯海峡还有金角湾。据说，几年后米开朗琪罗接到了同样的委任，但他拒绝了。从此，在那里搭建桥梁的想法一搁就是几个世纪。

金角湾的第一座桥应属加拉太大桥，于1845年竣工，工期长达18年，前后经历过四次重建，最近的一次在1994年。今天，一共有5座大桥横跨金角湾。2006年，土耳其政府宣布重拾列奥纳多的构想，建造一架相同的大桥，然而直到2019年初还没有一丝开工的苗头。

列奥纳多的挪威徒弟

1995年的一天，在列奥纳多的提案被巴耶塞特二世拒绝近500年后，一个名叫韦比约恩·桑德的挪威画家、公共艺术家参观了一场于斯德哥尔摩举办的展览，主题是列奥纳多在工程学和建筑学上的造诣与成就。这位艺术家当即被列奥纳多设计的

"列奥纳多桥"的施工现场，挪威，约2000年

桥梁吸引，跃跃欲试。他联系了挪威公路与桥梁办公室，引起了该部门主任的兴趣。

与迟疑的苏丹不同，挪威行政机构接受了这项提议，决定在奥斯陆郊外的沃斯（ÅS）小镇的尼格尔施克里塞（Nygårdskrysset）E18 高速公路上建造这座桥。列奥纳多选用的建筑材料——岩石未被采纳，一方面是费用问题，另一方面是与当地自然环境不合拍。最终选定了一种钢材与木材结合的材料，费用仅是前者的四分之一，且能更好地融入挪威的乡村景观。

这是一座 110 米长的步行桥，桥孔径 45 米，高 9 米，横跨高速公路。最终设计并未按照列奥纳多桥梁的原尺寸，而是因地制宜地进行了变更。支撑桥梁的三个桥拱采用涂有金属保护材料的黏合而成的原木，其中一个是主桥孔，两边的桥孔作为辅助。一共使用了 120 立方米的木材，选用的涂料是 Gl36c 号。同样，考虑到对当地资源和技术的利用，桥面由冷杉原木和天然石材铺成。

五年间，桑德规划项目，筹备资金，最终耗资 130 万欧元。2001年索尼娅皇后主持了开幕仪式，桥梁取名为"列奥纳多桥"。尽管无论在外观还是功能上，都不能与 16 世纪的宏大设想相提并论，但列奥纳多和他的挪威"合伙人"还是完成了一个梦想。

这座桥梁从规划之初就引起了国际社会的极大关注。该项目被流动展出，从挪威各地到美国，还抵达了芬奇镇的达·芬奇博物馆，绕着地球环游了奇妙而意味深长的一圈，2002 年还在伊斯坦布尔亮相。桑德想在全球各地建造更多以这一设计为

"列奥纳多桥"的侧视图（挪威）

基础的桥梁，然而列奥纳多和桥的故事不仅限于金角湾。

冰上的列奥纳多

2015 年 12 月 28 日，150 名埃因霍芬理工大学（荷兰）的工程系学生前往卡雷利亚（Karelia，芬兰）北部的尤卡（Jukka，芬兰），帮助列奥纳多实现梦想。尽管那里的气候与博斯普鲁斯海峡有着天壤之别，可他们还是希望沿用这个托斯卡纳人的设计，只是稍做些"冰冷的"加工：将石头替换成冰块。

实际上，桥的材质不完全是冰，还包含 2% 的纸纤维。也许

左图：位于尤卡的冰桥工程

我们会觉得这样的材质不够牢靠，但桥却能够承受一辆中型汽车的重量。为了证明这一点，学生们打算在桥上放置一辆载重两吨的汽车。

为了建造这一庞大的工程，他们必须将冰和纸纤维混合，制成一种"复合冰"——比普通冰坚固 3 倍，延展性强 20 倍。大体上，他们使用粗管，持续通过空气压力把复合冰粒充进多个球体模型，直到球体完全被冰覆盖，能够自行支撑后，再卸去模型，留下稳固的冰结构。

这座桥梁长 65 米，宽 5 米，桥梁孔径 35 米，将成为此类桥的长度之最。他们轮流工作，夜以继日，争分夺秒，全年无休。2014 年，同样来自埃因霍芬理工大学的学生在三周内建成了史上最大的圆顶冰屋（30 米），他们必须与时间赛跑，因为好天气也是坏天气，温度稍高冰就会融化。而与之相比，这项工程需要两倍的冰（大约 900 吨），时间就更为紧迫，稍做休息，也许建筑材料就会化成水再结成冰。

尽管如此，不测还是防不胜防。北极的温度日益升高，计划于 2016 年 2 月

右图：两座依据列奥纳多的草图设计的桥，左边的位于南极洲，右边的位于美国纽约

13 日竣工的桥，在这个日子来临前就融化了。

监督这一项目的芬兰学生阿尔诺·普隆克告诉我们，他做过研究，冰是这类大型工程潜在的适宜材料。"爱斯基摩人的圆顶冰屋已经证明了这一点，更大的项目有待进一步研究。"他确信这类工程非常环保。的确，冰桥融化后，纸纤维会作为肥料被循环利用。

自承重桥梁

刚刚抵达米兰的列奥纳多为了得到卢多维科·斯福尔扎的赏识，在信中提到自己发明的设备，其中大部分用途与战争相关：

"我有办法建造一座十分轻巧且便于运输的桥梁，用于追击逃跑的敌人；我能建造更坚固的桥梁，以抵挡敌军的炮火和袭击，且收放自如；我还对烧毁敌军的桥梁有所研究。"

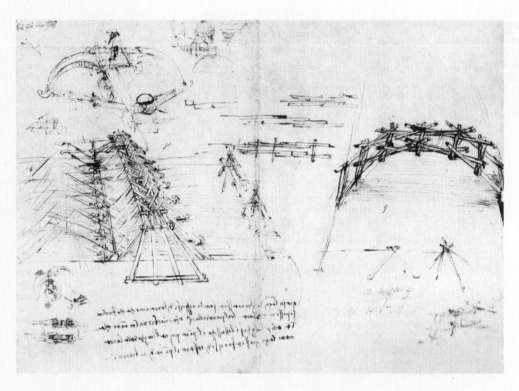

上图：桥梁的模型，《大西洋古抄本》69r 及 71v 页
安布罗西亚纳图书馆（意大利米兰）

在现存于米兰安布罗西亚纳图书馆的《大西洋古抄本》中（69r 及 71v 页）可以欣赏到这座用于战事的桥梁，十分轻便，最显著的特点是能够自行承重，通过嵌入的横梁分担重量，无须捆绳子或钉钉子。"摩尔人"卢多维科称赞道："这就是列奥纳多：他用高深的知识，制造出复杂的装置，却操作简便，实在令人称奇。"斯蒂芬·霍金还有史蒂夫·乔布斯也常常为列奥纳多的天才所折服。

一旦战争来临，胜败有时就看军队的灵活性，或者制服对方军队行动的能力。这种自承重桥梁在组装和拆卸方面尤其便捷，并可因地制宜，设计弯曲或笔直的线条，材料也是极易获取的树干。对于列奥纳多来说，搭建不费吹灰之力，因为他懂建筑，了解静力学的法则和材料的耐力。

桥的各部位由横梁巧妙有效地联结，弓形的结构和纵横交错的部件有利于重量的分担，成品轻巧而坚固。最绝的是，搭建完成后，只要找准支点，任何一个部位都不会脱节，无须捆绑树干，也用不着钉子、黏合剂的辅助，一切都是物理学的功劳！

于 2010 年建成的自承重桥梁，位于卡尔比（Karby，丹麦）

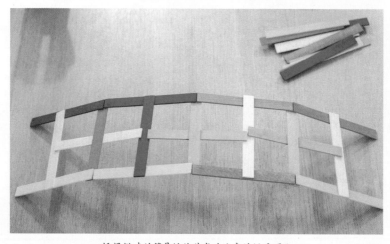

桥梁搭建的简易性使其成为儿童的娱乐项目

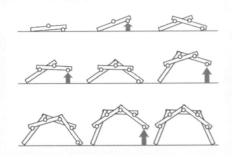

搭建自承重桥梁的步骤

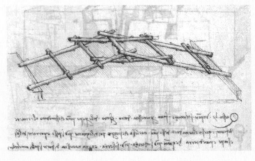

《马德里手稿》45v–46r 页中也存有一幅自承重桥梁的
草图

列奥纳多自承重桥的 3D 模型加上了木制踏板

旋转大桥

这是列奥纳多为卢多维科设计的另一座桥，非常壮观，带有"未来主义"色彩。他认为这座桥可以在战争中助战术一臂之力。早在城市规划的研究中，他就已在运河网的周边设计了新型装置，作为排水渠和商用运输水道。通过一个绞盘和轮子

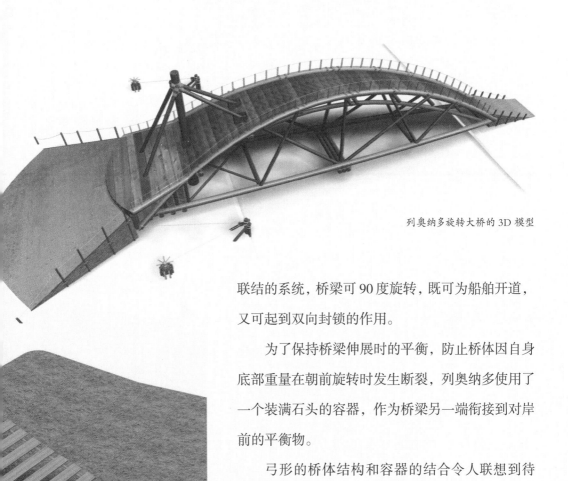

列奥纳多旋转大桥的 3D 模型

联结的系统，桥梁可 90 度旋转，既可为船舶开道，又可起到双向封锁的作用。

为了保持桥梁伸展时的平衡，防止桥体因自身底部重量在朝前旋转时发生断裂，列奥纳多使用了一个装满石头的容器，作为桥梁另一端衔接到对岸前的平衡物。

弓形的桥体结构和容器的结合令人联想到待发的弩炮。此桥的一大特点是桥体只需在河岸的一

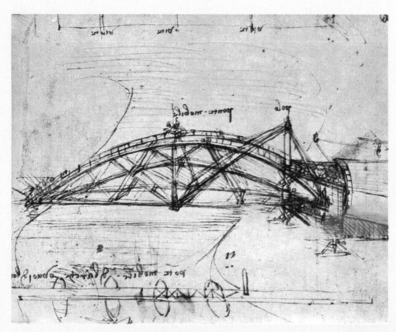

旋转大桥，《大西洋古抄本》855r 页
安布罗西亚纳图书馆（意大利米兰）

侧建造，另一侧则通过旋转桥体的方式来连接。

　　桥梁带有轮子，并配合绳索和滑轮，可快速收起。列奥纳多在笔记本上写道："轻巧而坚固。"军队可携带它渡河（在河流不是很宽的情况下），逾越城堡前的壕沟，并用于防御和反击。对于达·芬奇而言，"机动性"是军队的最佳属性之一。

　　列奥纳多也许运用了他在战争设备上使用的类似机械原理来规划这座桥：当达到一定重量时，设备的垂直支撑得以平衡。在米兰的最初几年，对平衡的研究和实验一直是列奥纳多的热情所在。他在一个垂直支轴周围设计的悬空装置，可视为对"重量科学"（研究物体静态和动态稳定性情况）的实际运用。

列奥纳多设计的另一种旋转桥，主要用于和平时期的船舶运输。然而，这一设计并不完全出于他，据历史学家希罗多德（公元前5世纪）记载，该桥由国王薛西斯的士兵建造而成，桥长900多米，横跨幼发拉底河。

列奥纳多作出的改善是通过转轮使桥旋转，船只得以通行，这样也可在河流湍急和涨水之时保护桥梁免受损坏。此外，河岸上有一块同河道平行的平整区域，需要时可以保护桥梁。

克洛·吕斯城堡的花园（列奥纳多的故居）有许多依照他的发明建成的桥，这是一座旋转桥。

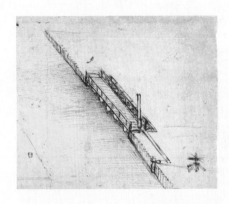

用于船舶运输的旋转桥,《手稿 B》23r 页
法兰西学院(法国巴黎)

双层桥

从 1487 年到 1489 年,列奥纳多进行了一系列城市规划研究,在《手稿 B》中有所体现。这些年,确切地说,他一生中主要关注的问题之一便是建筑,随着双层"理想城市"构思的完成,他在这一领域也达到了顶峰。他将工作区、商贸区同休闲场所隔开,旨在削减狭窄肮脏的街道数量,因为那里人群和牲畜水泄不通,无疑是传染病的高发区。他设计的城市区域具有几何学的精准性和多个开放空间,并且规划了作为排水渠和商贸运输河道的运河网。

双层桥,位于克洛·吕斯城堡的花园

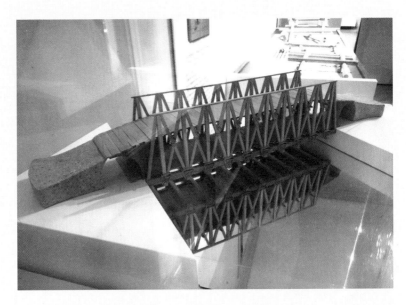

位于米兰的列奥纳多 3 博物馆展示了列奥纳多各种发明的等比例模型，上图为**双层桥**

双层桥能缓解来往城市的交通压力。根据不同时段的需要，总体来说，上层可视为人行道，下层作为车辆和牲畜通道。这完全符合列奥纳多双层"理想城市"的理念。

这座桥梁的设计是对盔甲结构的借鉴。它的意义不仅仅局限于城市规划领域，还在于优化和利用了网格状桁架。通过垂直支撑和对角支撑，低层桥面与地面同高，而高层桥面位于整个结构的中段，通过与对角支撑相交的水平支撑达到结构的稳固。

设有船闸的运河大桥

列奥纳多的手稿中有几幅是佛罗伦萨运河大桥的草图。在这一设计中，借助一个区隔的闸门系统，水流得以通过。闸门

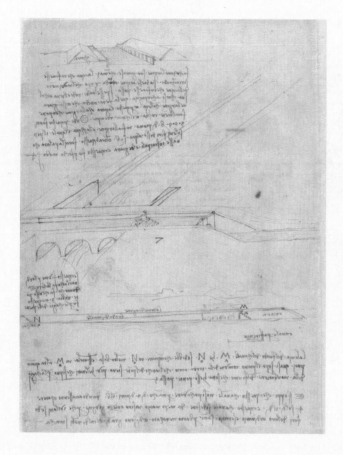

佛罗伦萨的运河大桥及其应用
《大西洋古抄本》126v 页
安布罗西亚纳图书馆（意大利米兰）

可以调节运行船只的水位。他在草图上注释了如何建造运河的浅滩，以免水流侵蚀河床的卵石以及解除河流涨潮的威胁。关于后者，他还阐明了如何建造河床以及施工的最佳时节。在他的手稿中有三幅涉及佛罗伦萨运河，于1482—1483年间完成，并附上一封给"摩尔人"卢多维科的信，信中指出"将水流从一边引入另一边"。在图片的上部我们看到一长串描述河岸浅滩和怎样防止水蚀的注释。中间部分是运河的草图，阐述了运河在船闸辅助下的运作。图片下部是运河大桥的侧视图，列奥纳多写道："驳船满载货物通过运河，并不会对桥拱造成很大负担，因为驳船的重量和推动驳船前进的水流质量相当。"

失落的建筑师

列奥纳多在建筑方面倾注了相当多的心血。建筑被誉为"所有艺术的总和"，因为它比其他任何一门艺术都需要更多知识的贯通。列奥纳多设计了独特的房屋建筑，然而从未被付诸实践，其中一些有可能改变欧洲的历史。

比起其他领域，列奥纳多在建筑上的贡献稍显逊色。除了之前提到的城市规划细节，他其余的建筑设计均未落地。尽管他在这一领域的手稿不足以发展出一个建筑流派，但还是值得我们一探究竟，因为他总有些惊人的想法。

在寄给卢多维科·斯福尔扎的那封著名的信里，列奥纳多以建筑师自称，写道：

"在和平时期，我可与任何建筑师相媲美，无论建造公共楼宇、私人住宅，还是规划水源的输送和分配。"

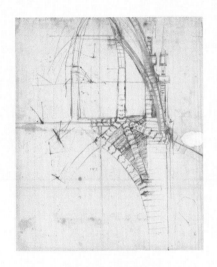

米兰大教堂的穹顶塔楼项目
1487—1490 年
《大西洋古抄本》851r 页
安布罗西亚纳图书馆（意大利米兰）

69

然而，恰恰在米兰他才开始显现建筑方面的才华，这又得感谢那位方济会修道士朋友卢卡·帕乔利。帕乔利在数学领域的研究，尤其是神圣比例令列奥纳多对一件事了然于心：数学隐藏在所有艺术的背后。此外，菲利波·布鲁内列斯基（1377—1446）和莱昂·巴蒂斯塔·阿尔伯蒂这两位文艺复兴时期的建筑巨匠也对他产生了深远的影响。1485 年，阿尔伯蒂出版了《建筑论》一书，重拾罗马人维特鲁威阐述的古典规则，成为其建筑事业的里程碑。

卢多维科委托列奥纳多对米兰大教堂的穹顶进行研究工作。1487 至 1489 年间，列奥纳多规划了一系列方案，但均未实施。现存的手稿展示了他的部分提议，其中包括采用双层塔楼的设计，因为建筑结构脆弱，此举用来平衡重量，提高承重能力。

罗莫朗坦的革新派

列奥纳多的建筑研究大部分与教堂有关。同当时其他建筑师一样，他主张用教堂中心的圆形平面图，这与传统基督教大教堂的线型平面图对立，但具有将人类的精神世界汇聚到一个中心的独特性。

他也设计了一些非宗教类的建筑：1490 年前后他为一位米兰贵族设计宅邸，1507 年他为任职于米兰的法国总督设计别墅，

右页：教堂建筑草图，《手稿B》，法兰西学院（法国巴黎）

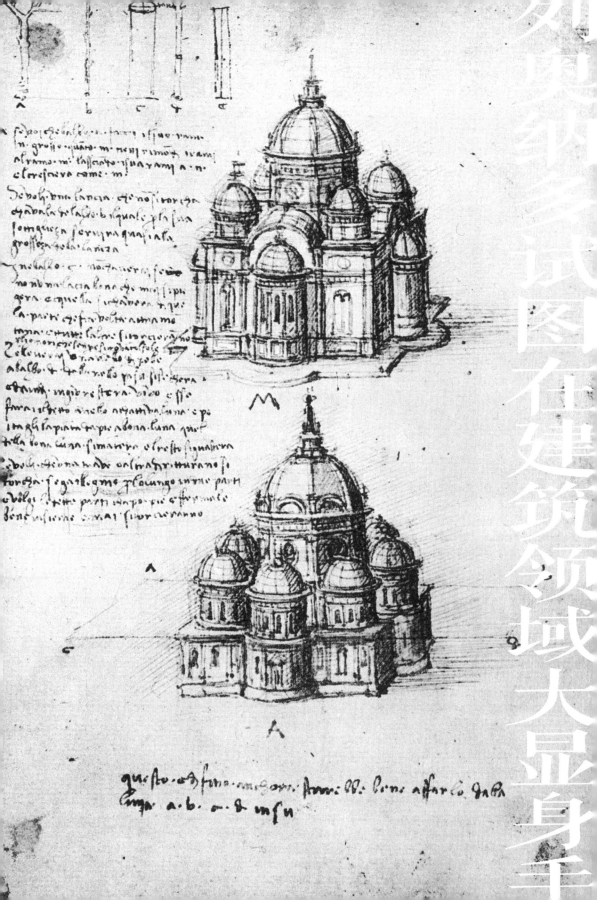

1515 年则是为美第奇家族设计佛罗伦萨的居所。后来，他被委托设计法国罗莫朗坦宫殿的建筑群和花园，这是一项宏大的工程，然而最终成了"列奥纳多被遗忘的项目"。

我们之前提到，列奥纳多在暮年时为法国国王弗朗西斯一世效力，居住在昂布瓦斯城堡附近的克洛·吕斯城堡。国王委托列奥纳多运用最新的技术和最炫的城市规划方案，为法国设计一座全新的首都。假如这一企划得以实施，令世人迷恋的首都还会是巴黎吗？

考古学家发现，列奥纳多在世时，项目有动工迹象，但为何没有继续仍是个谜，也许因为他的离世，或是一贯的原因——工程过于庞大而昂贵。1519 年，弗朗西斯一世启动了另一座城

右图：教堂中心的平面图

1488 年前后

24 厘米×19 厘米

法兰西学院（法国巴黎）

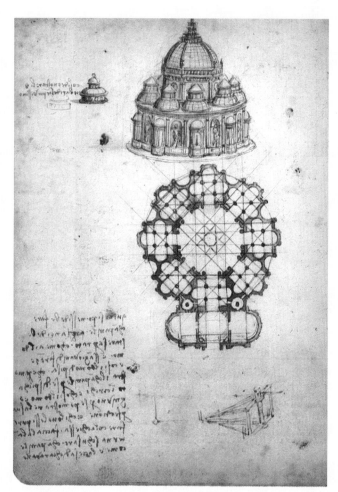

下图：从一尊纪念达·芬奇的雕塑远眺昂布瓦斯城堡（法国卢瓦尔河谷地区）

堡——香波城堡的建造，列奥纳多可能也参与其中。

永恒的高瞻远瞩

列奥纳多没有给历史留下任何一座建筑，他在城市研究的那部分手稿中写道："对待建筑应该犹如对待有血有肉的机体。"他关心的不仅是外在的美观，还看重更多长远的细节，比如空间的可停留性和吸引力，喷泉的设置是否能在夏日提供新鲜怡人的空气。列奥纳多的素描显示出他的技艺双全，也再次证明了他善于钻研，永不满足于浅尝辄止。

昂布瓦斯城堡，约 1518 年，红色粉笔，13.3 厘米×26.9 厘米，《温莎手稿》（英国伦敦）

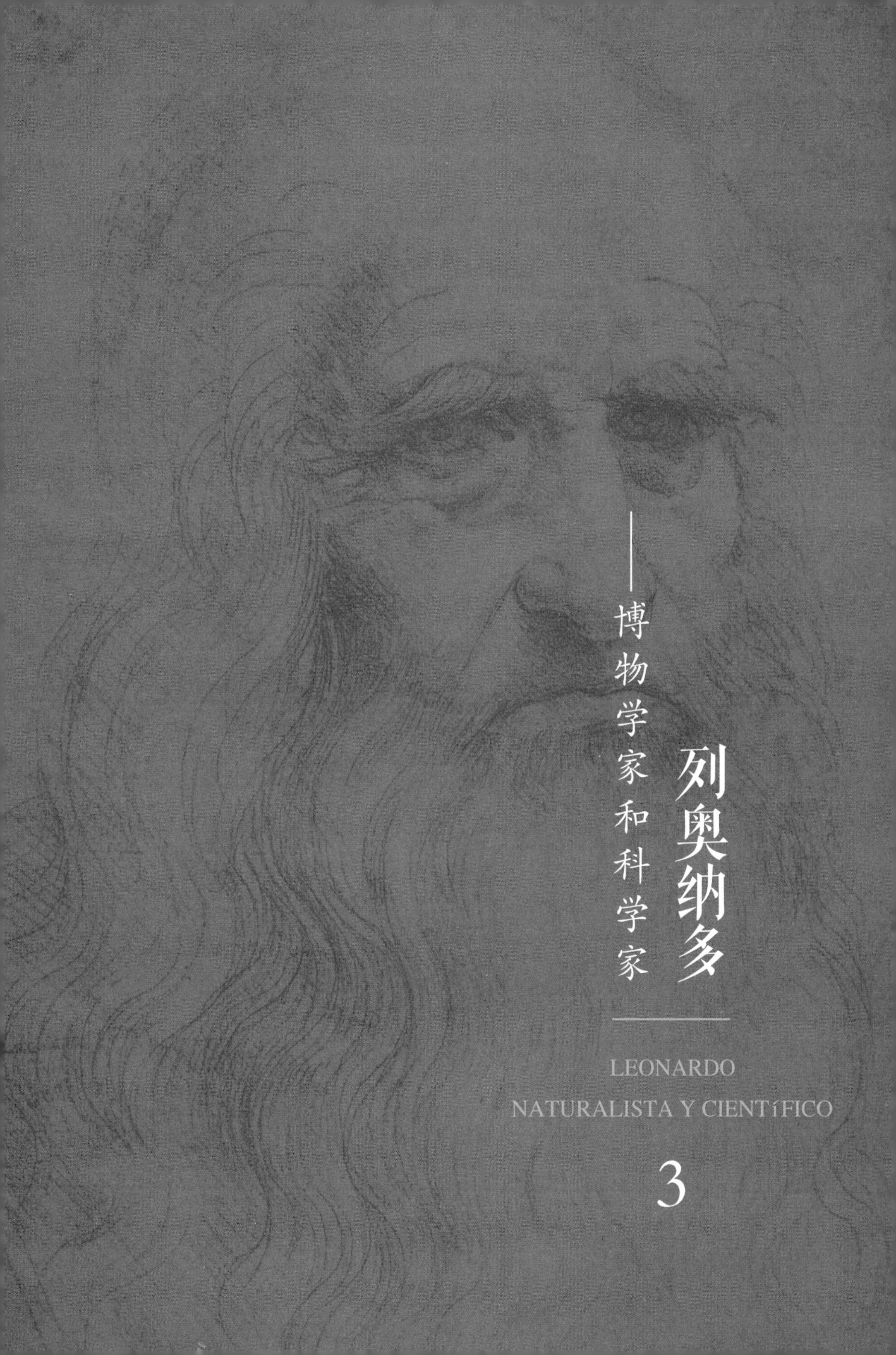

——博物学家和科学家

列奥纳多

LEONARDO
NATURALISTA Y CIENTÍFICO

3

植物学

圣栎树的枝叶和金雀花，1507 年前后
红铅笔画，18.8 厘米 ×15.4 厘米
《温莎手稿》（英国伦敦）

列奥纳多的精美草图在植物界也有体现。然而，他不仅能描绘出植物细腻优雅的形状，而且在植物的形态学和生理学上也有造诣。他笔下植物的根、茎、叶栩栩如生，科学严谨的画风反映了他的前瞻性。

列奥纳多也是植物学家吗？是的！这段文字足以证明：

"有些树——例如榆树的树枝，稀疏而纤细，好比手掌张开的透视图。它的树枝是这样分布的：低处的显出上面，高处的露出底面，中间的则部分显示上面，部分显示底面。最上端是枝杈的顶部，在所有指向你的枝杈中，中间部分的透视感最强烈，在树的中段指向树顶的枝条最长，其形状如同生长在河岸的柳树。还有一些枝杈呈球状，比如那些抽嫩枝长嫩叶的树：第六根枝恰好在第一根枝上面。还有些树的枝杈呈现出稀疏而

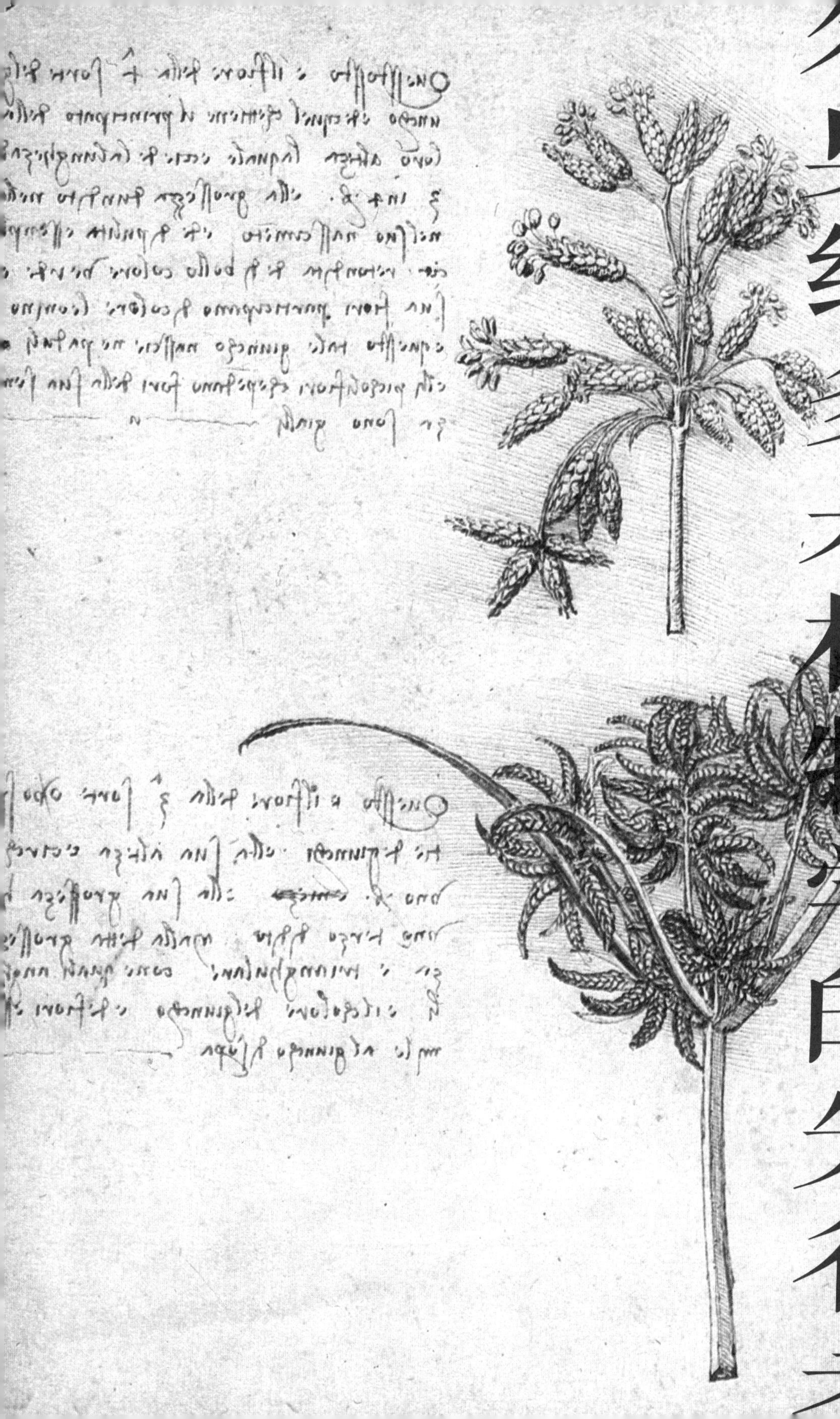

列奥纳多是植物学的先行者

一束桑椹，约 1505—1510 年
红色粉笔、羽毛笔和墨水，9 厘米×6 厘米
《温莎手稿》（英国伦敦）
列奥纳多绘制了多幅类似的草图，可能是为了完善《丽达与天鹅》的细节。

透明的特征，比如柳树这一类。"（摘自《绘画论》）

列奥纳多一来到米兰就迫不及待地置身于新的环境：他研究这一带的中世纪植物标本，它们呈现出无与伦比的特征，比如基督教的象征主义、装饰性的元素和科学实验的样本。他为了探索科学四处奔走，在意大利北部考察时发现植物学和地质学的相关样本。植物在自然界的生长和分布也成了他研究和探索的领域。

列奥纳多为树木年轮学贡献了一些基本法则。所谓树木年轮学，就是植物学中确立树龄并通过观察年轮知晓气候变化的学科。在前文的《绘画论》中，他记录下这一发现：

"砍下的树，树干横截面上的圈数显示树的年龄，如果年轮宽，表示气候湿润，年轮细则表示气候干燥。"

列奥纳多理解植物生长的形状受地心引力的影响（向地性），并且它们随着阳光改变生长的方向（向光性），这些发现都确凿无误。

列奥纳多还意识到，枝上树叶的生长

78

左图：树，1500 年前后
红色粉笔，19.1 厘米 ×15.3 厘米
《温莎手稿》（英国伦敦）
被光照亮的地方树叶立体感强；阴影处
的树看上去是个轮廓。

右图：植物写生，1481—1483 年，威尼斯美术学院画廊（意大利）

并非漫无目的，而是遵循了数学法则和地心引力原理，这比相关科学定律的首次提出提前了几百年①。他也发现树叶在阳光的照射下会有序生长。在现代植物学研究领域中，叶子在茎上的排列被称为叶序。

列奥纳多在植物学领域最重大的发现，当数植物从根部提取水分并传输到树干和树枝这一事实。这次，他又领悟了一个自然规律，日后成为一项科学法则：植物的浆液可以向上和向下流动。在植物生理学的研究中，他对两个方面尤其感兴趣：一个是植物通过阳光和水分吸收营养，另一个是"生命的血液"通过植物

① 译者注：原文是"这比相关科学定律的首次提出提早了三个世纪"（Aquí se anticipó …tres siglos después）。如果指的是牛顿提出的万有引力，即在 17 世纪，离列奥纳多生活的年代应该是差两个世纪。因此用"几百年"的模糊概念代替之。

的组织传送。他能够区分两种维管组织，也就是当今认知的韧皮部和木质部。他还准确观察到当树木被砍伤时白色浆液是如何流动的。

关于最后一点，列奥纳多对水力学和流体动力学的研究无疑促进了他的发现。

此外，他对水栽法（通过矿物溶液而非土壤的产业种植法）的运用也提早了几个世纪。这个托斯卡纳人确信，想要水分逆流而上就必须"做功"，他发觉哪怕植物也应该具备将水分从根部由下而上输送至顶部的系统。他是如何研究出来的？他挪去土壤直接水栽，观察到植物依旧生长，只不过长势缓慢而已。

因此，列奥纳多在植物学的主要三条分支中的两条——植物的形态学和生理学领域占有先驱地位。他在笔记中还强调进行植物和人类在生长期间的类比。

《岩间圣母》中的植物学

列奥纳多善于将植物学知识迁移到绘画中，《岩间圣母》就是个例子，万草千花同样充满了象征意义。传记作家查尔斯·尼科尔在《列奥纳多·达·芬奇：放飞的心灵》中历数了其中一些植物：

"各种各样的花……自然的风景和虔敬的画面相互辉映。圣母头部的右方是楼斗菜，在英文中也被俗称为科伦芭茵（Columbine），暗示了圣灵的鸽子。圣母的右手边是蓬子菜，与牲口槽相关。婴儿基督的脚边分布着一些仙客来，心形的叶子赋予植物爱与虔诚之意，他的膝边有一簇报春花，象征美德……还有我们熟悉的植物，比如莨力花在年幼的约翰跪着的膝下，这种花常出现在坟墓周围，也被视为复活。春天的草木欣欣向荣，绿意中带着透亮。岩石缝隙间也能看到被称为'圣约翰草'的金丝桃，黄色花瓣尖上的一点红象征施洗者圣约翰的殉难。"

《岩间圣母》细节

地质学和古生物学

水平岩层细节图，1511 年前后
铅笔和墨水，18.5 厘米 ×26.8 厘米
《温莎手稿》（英国伦敦）

　　列奥纳多热爱大自然，他观察着这片土地，渴望揭开自然界的奥秘。他为许多项目绘制了准确精美的地形图，突出水对自然景观形成的作用。他是古生物学的先驱，正确指出了化石的来源。

　　我们知道列奥纳多天性好奇，总是探求事物的本源，对于自然现象也不例外。自然界赐予他艺术的灵感和科学的养分，人类是他的重点研究对象，他将人体和万物相媲美，他的作品值得我们仔细研读。

　　"任何事物的诞生总伴随着感性、理性和生命力。鸟类的羽毛每年更替，其他动物的皮毛也同样如此……草木生长经历年复一年的枯荣。因此可以说，地球的心灵具有生命力：泥土是它的肉体，岩层堆叠的山峦是它的骨骼，河流与湖泊是它的血液，大海的潮涨潮落是它的呼吸，火为地球注入热量，

列奥纳多，懂得成因，得

解释奥化石成因

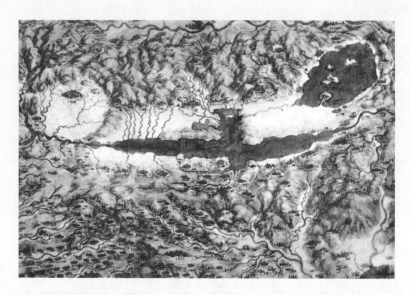

托斯卡纳地图（瓦尔蒂扎纳地区），1502 年前后
羽毛笔、墨水和水彩，33.8 厘米 ×48.8 厘米
《温莎手稿》（英国伦敦）

生命无处不在，它们从水、硫矿和火山中一跃而起，比如从埃特纳火山和其他地方。"

他对地质学的关注超越了当时的法则，与对科学的兴趣紧密相连。作为地质学家，他摈弃所谓的"神创论"①学说，试图从观察中解释地壳演变的原因。他不认为一场巨变造成的海陆变迁令地球顷刻间面目一新，而倾向于山峦与河谷经历了连续的创造和侵蚀的过程。孕育他的这片土地并非亘古不变，而是经历了变化过程，且变化仍在继续。

"假如地表抬高，裸露于海水之上依旧平坦，那么随着时间的推移，将形成山丘、山谷和多岩的不同层理……水从裸露

---

① 译者注："神创论"主张上帝从无到有创造了世间万物。

84

的地表流出，在地势低的区域形成股股溪流，冲刷所到之处，土地成了水流的载体，水道越来越宽深，水位越来越高涨，直至水流汇聚。这样的水流是激流的河床，接收河水与雨水，水流最终侵蚀大地，形成山谷和山峰。水流干涸时山体干燥，产生大块的岩石，涨水时岩石被冲刷，化为泥浆汇入大海。"

毋庸置疑，他把水看作大自然主要的建筑师。水抬起山峰，挖出河谷，搬运砂石，构建复杂多样的地表形态。山的层理恰恰是"因洪水泛滥形成烂泥，堆积了一层又一层"。从中能推测出，他将层理堆积看作地质过程中的环节。

山峰及河流近景, 1506 年, 红铅笔画, 8.7 厘米 ×15.1 厘米, 《温莎手稿》（英国伦敦）

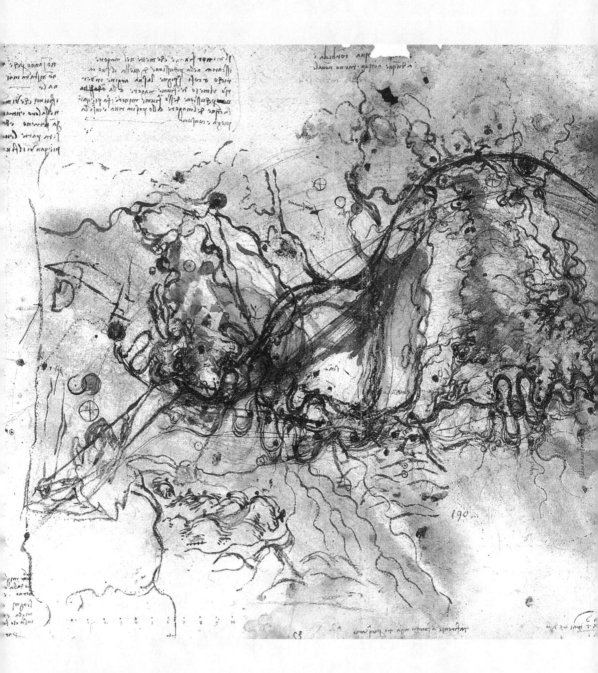

列奥纳多：研究化石的古生物学家

列奥纳多很早就意识到化石的含义，以及为何山顶存在贝壳和鱼类化石。关于这个话题有两种理论：第一种和《圣经》有关，认为贝壳被洪水冲到了山上；第二种说法认为，贝壳属于无机结构，生长在山石间纯属偶然。列奥纳多在类比、实验的基础上观察，得出结论：山上有这类化石的地方应该是海床所在地。他的想法与当时的宗教理论相悖，后者认为，贝壳化石远离海洋出现在山上是大洪水之类神奇的自然现象导致的。

在《莱斯特手稿》中，列奥纳多写下3500多字关于化石的研究。他反驳了洪水论，因为岩石的多个层面都有化石，由此他推断，这些化石形成于不同时期，而不是一次性灾变；他同样反对第二种言论，因为如果这些化石是无机的，就应该生长在任何岩石上，但事实并非如此。此外他通过引证，说明洪水来临时这些软体动物无法凭借一己之力从海边挪到山顶，因为两地相隔几千米，短时间内根本无法做到。列奥纳多还通过研究人类的足迹来进行探索（所谓的"化石足迹学"），这比最初在该领域进行的科学研究提早了两个多世纪。

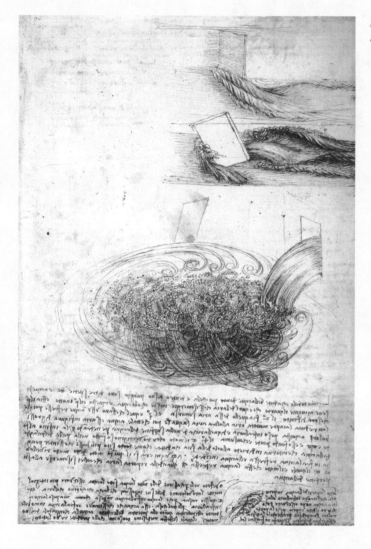

水的运动和倾泻，1508 年前后
铅笔和墨水，29.8 厘米×20.7 厘米
《温莎手稿》（英国伦敦）

对水的研究

我们看到列奥纳多把水看成风景的造型师。也许正因为如此，他下了很大功夫研究水。1508 年，他开始撰写水的运动的手稿，绘制了精美绝伦的草图，同

托斯卡纳西部俯视图, 1503 年前后
羽毛笔、墨水和水彩, 27.5 厘米×40.1 厘米
《温莎手稿》（英国伦敦）

时他研究流体动力学。列奥纳多为水的运动深深着迷，他很早就发现了流体的动力，还是分析和描述水漩涡动力的先驱。

列奥纳多自问自答："为何水中的鱼比空中的鸟动作更敏捷？"

"因为水填补鱼身后空隙的速度更快。"

达·芬奇也在一段时间里专注观察波浪的运动。他提出波浪有一个反弹运动和一个偶然运动。反弹运动出现于波浪的起始，由于受到冲撞，波浪产生反弹而升高。偶然运动产生于波

水平岩层
铅笔和墨水，18.5 厘米 ×26.8 厘米
《温莎手稿》（英国伦敦）

浪从高处下落时，这一运动不是缘自撞击而是缘于改变原有状态时产生的重力。这是多么艰巨的课题！即便当今最高超的电脑技术也难以完美地预测湍急流体的动力情况。

描绘土地

城市规划师的身份有时会令列奥纳多"后退一步"，拓展他对平面图关注的视野，比如他绘制了一些区域的地形图。

洪涝之城，1515 年前后
黑色粉笔，16.3 厘米×21 厘米
《温莎手稿》（英国伦敦）

　　有一项工作是使位于莱科和米兰之间的阿达河（Adda）通航。1504 年夏，也许是受政府委任，列奥纳多研究了位于佛罗伦萨东西走向的亚诺河河段。该河段河流湍急，流淌于山间，夏季水位低，春秋多洪涝，因此需要定期维护，以确保周围作坊的正常运作。为了熟悉这片区域，列奥纳多将其绘制出来。

　　无论是在地理学、测量学还是艺术性上，这些平面图都显示出高超水准。

　　我们并不太了解列奥纳多测绘这些地形使用的方法和工具，比如瓦尔蒂扎纳和蓬蒂内沼泽，或是托斯卡纳西部。他以颜色区分不同的海拔高度的做法也具有超前性。此外，他绘制的河道地图，比如亚诺河及运河设计图，具有极高的艺术价值，堪比一幅印象派佳作。这既在意料之外，又在情理之中。

岩石、洪水和风景

列奥纳多正确描述了岩石的侵蚀、沉积和堆积过程，这也符合当今地质学家认知的"岩石循环"。他笔下的几幅岩石图好似绽放的花朵，仿佛能看到遥远的地质时期经历的巨变。跟着自然的原始脚步，他对水的创造力和摧毁力感到震撼，晚年画了些气势磅礴的洪水图。有人认为这是他对未来隐秘的预言，揭示了地球的灾难结局；然而更有可能的是反映了阿尔卑斯山1513 年遭遇的一场自然灾害，河流和岩石共同导致的山体滑坡摧毁了整个村庄。

《蒙娜丽莎》细节图,其背景与托斯卡纳巴尔兹·迪·瓦尔达诺(下图)的独特
风景吻合,列奥纳多曾在此研究河流的改道。

　　研究风景也为列奥纳多的绘画提供了背景素材,这在后
文关于空气透视的内容中将有所涉及。

巴尔兹·迪·瓦尔达诺(Balze di Valdarno)的风貌

人体解剖

在达·芬奇所有的素描里，最引人入胜的也许是人体解剖图，它们精细、创新且变化无穷。他一生中有个阶段解剖过尸体，因此得以探索和描绘同时代人无法企及的领域。可惜的是，几个世纪以来他的研究成果都石沉大海。

据说，假如列奥纳多出版了他的人体解剖图，当时科学将进步五十到七十载。然而这等好事没有发生。

他辞世后，大部分手稿辗转相传，直到19世纪才被重新发现，其中英国皇室收藏的《温莎手稿》占了大半。列奥纳多真不应该啊！谁叫他对出版界不屑一顾呢。那时出版业的势头兴起，如此完美的素描肯定能引起"模仿效应"，轰动一时。当今电视媒体的宣扬使得全球物理学入学考试均分飙升。事实证明，越热门的学科越受追捧，社会达尔文主义认为优胜劣汰、适者生存，学生素养的提高恰恰呼应了这个观点。几乎可以肯定，列奥纳多的解剖素描也能

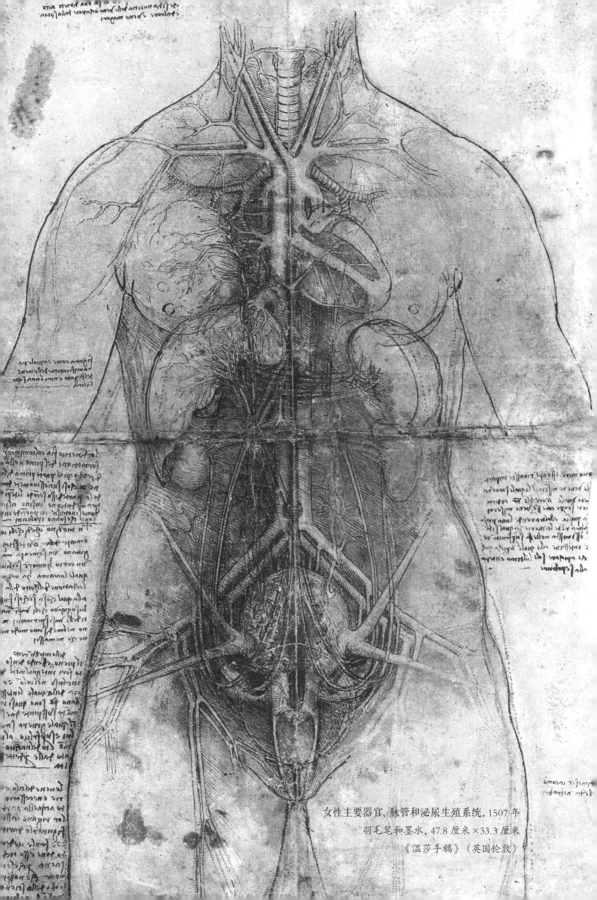

女性主要器官、脉管和泌尿生殖系统，1507 年
羽毛笔和墨水，47.8 厘米×33.3 厘米
《温莎手稿》（英国伦敦）

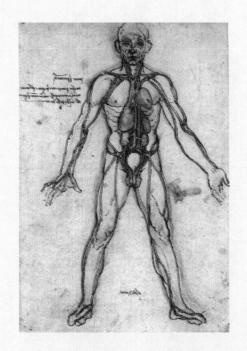

心脏和主要动脉系统，1488 年前后
铅笔和墨水，28 厘米×19.8 厘米
《温莎手稿》（英国伦敦）

头颅侧视截面图
1489 年
羽毛笔和深棕色水彩
19.0 厘米×13.7 厘米
《温莎手稿》（英国伦敦）

达到相似的效果。

探索人体奥秘

1490 年前后，列奥纳多正在米兰，开始研究人体。不要忘了，对文艺复兴的学者而言，人类是宇宙的中心，认知人体也意味着了解创造力的核心。

他接触解剖学的初衷很可能是为了提高绘画技法。每一个动作和手势，每一种透视和维度等都可以通过深究来优化。作为艺术家的列奥纳多渴望找到人类头脑和身体的联系，表情、姿势与情感的关联，以呈现更令人信服的画面。于是他写道：

"颈椎的表现对优秀的素描家而言举足轻重，就好比拉丁语的起源对语法研究者的重要性。假如不了解具体肌肉对应的特定动作，那么运动的个体呈现出的肌肉将会有偏差。"

总体看来，他最初的研究是基于对个体表象的观察：了解人体骨骼，进行动物解剖。他也汲取古代智者（比如希腊的盖伦）的研究成果。列奥纳多是最早一批使

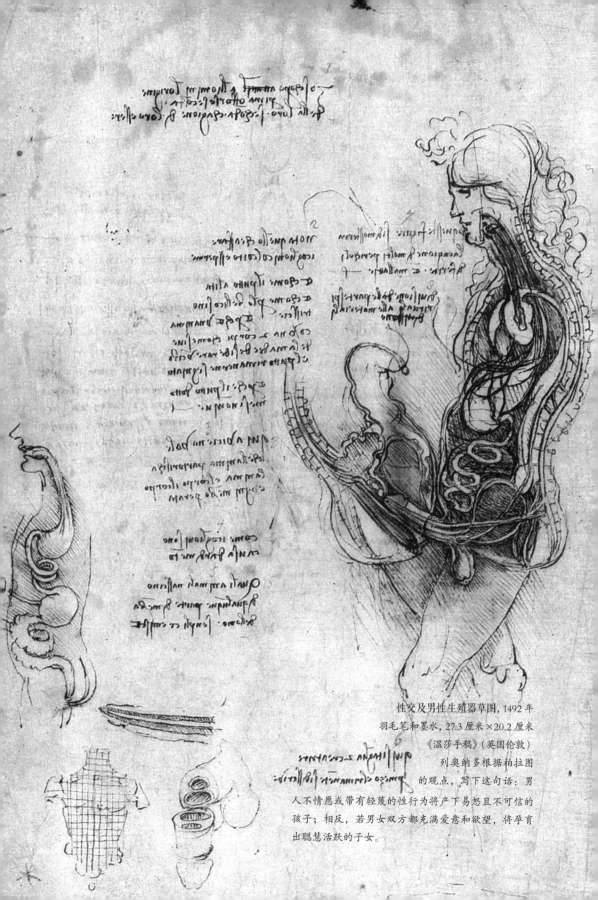

性交及男性生殖器草图, 1492 年
羽毛笔和墨水, 27.3 厘米×20.2 厘米
《温莎手稿》(英国伦敦)

列奥纳多根据柏拉图的观点，写下这句话：男人不情愿或带有轻蔑的性行为将产下易怒且不可信的孩子；相反，若男女双方都充满爱意和欲望，将孕育出聪慧活跃的子女。

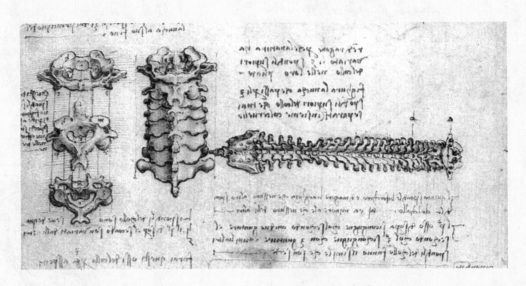

脊柱，1510 年前后
铅笔和墨水，29.9 厘米 ×19.9 厘米
《温莎手稿》（英国伦敦）

用"去皮的人体模型"（法语为 ecorché ）的人，在绘画中以剥开表皮的方式展现人体的肌肉和器官。

那时，他对头部骨骼的研究相当突出，展现出颧骨不为人知的细节。他也试图了解人体全身的机能，在前页的心脏和主要动脉系统图中可以看到根据传统信仰（也就是亚里士多德学派）而描绘的主要器官和脉管：认为心脏提供了一种"生命的动力"并由动脉将其传遍全身；肝脏是养分的源泉或"天然的灵魂"，制造血液并由静脉为全身传输营养。尽管列奥纳多最终意识到心脏与动脉和静脉相连，却从未推断出血液的流动情况。他的观察已接近真理，但似乎有意向传统学派靠近，这与几十年后的西班牙人米盖尔·塞尔维特不同。1553 年塞尔维特在宗教法庭上被处以火刑。

在头盖骨剖面图上，列奥纳多体现出感官的位置，一个感觉汇聚的地方，位于三条轴线的交点，恰好在感光神经进入大脑处。他遵循亚里士多德学派，认为眼睛是主要感官。感觉通过线上的三个孔（或室）产生。这样，光线中的图像从眼睛到达接收器，进入负责作出决定的感官判断区，另一个区域与记忆有关，负责存储印象以便未来之需。

列奥纳多也试图了解大脑的结构、感觉神经的路径及脑力机能的分布。1489 年 4 月，他得以解剖一颗头颅，探究它的形状和内部比例。值得一提的是，他对立体结构领悟力很强，认为头颅拥有完美的骨状结构，可将其与教堂穹顶进行类比。

列奥纳多：解剖学者和法医

16 世纪初，为了探究不明的死因，尸体剖检开始实行（想必是有钱有势之人的选择）；意大利医学院也公开进行尸体解剖，这些死者要么是被处决的囚犯，要么是在慈善医院逝世后没有家属认领的穷苦百姓。

列奥纳多那时已享有声誉，大约从 1507 年起，他得到解剖尸体的许可，先后在佛罗伦萨圣玛利亚诺瓦医院、米兰马焦雷医院和罗马圣灵医院进行解剖。1510 年至 1511 年，他与当时著名的解剖学教授马尔坎托尼奥·德拉·托雷教授合作。通常人们以为尸体解剖应当被禁止，然而事实相反，1482 年的教

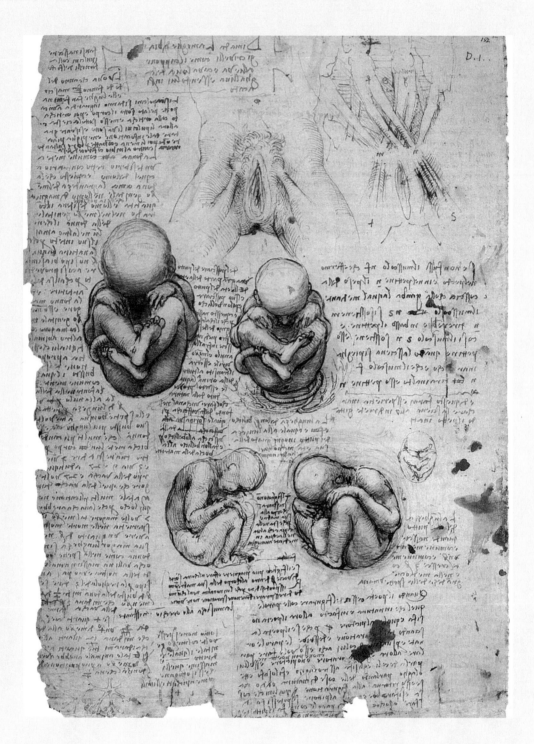

皇圣谕批准了这一行为。1513 年，列奥纳多受到"解剖有失体统"的指控而匆忙离开罗马，这也是人们猜测他对解剖学研究戛然而止的原因。

无论如何，这一时期收获累累。一切从 1507 年开始，他陪伴一位自称活了百岁的老人度过最后时光，相谈甚欢中老人的生命之烛缓缓熄灭。他决定解剖老人的尸体，探究其如此安详死去的原因。自此之后的几年中，这位博学家都专注于解剖学。他再次翻开 1489 年研究头颅的笔记本，确定了老人的死因——冠状动脉萎缩，同时他第一次描述出了动脉硬化和肝硬化。

"唾手可得"的尸体鼓舞着他深入探索人体，描绘更多内部的器官。他绘制的子宫内胎儿图令人叹为观止，堪比现代三维超声技术。"脐带和婴儿长度相当，它们同步生长。"他写道。同时，他确认婴儿在母体内不会呼吸也不会发声。"因为他全身被水包裹，如果呼吸就会溺死，所以既不会呼吸，也不会出声。"

列奥纳多对人类的繁殖过程很感兴趣，这些图是对 1492 年研究成果的补充。

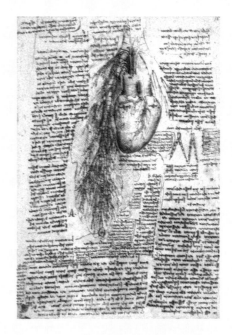

心脏及支气管，1512 年前后
铅笔和墨水，28.8 厘米×20.3 厘米
《温莎手稿》（英国伦敦）

他指出，男性的精子来自腰部区域和脊髓，因此与思维机能有关。阴茎有两条管道，分别输送精液和大脑产生的一种灵性物质。如此看来，经过长期实验，列奥纳多逐渐从中世纪的守旧思想转向与客观实际接近的立场。

一步之遥的馈赠

天才的托斯卡纳人渴望完成一部《解剖学论》，但天有不测风云，托雷教授的早逝和米兰的政治动乱压垮了支撑他的力量，使得一切变得遥不可及。在法国为国王弗朗西斯一世效力的岁月里，他整理了这样那样的手稿，只为留给他的弟子和挚友弗朗切斯科·梅尔奇。列奥纳多在这部流产的著作开头写下一段话，用讥讽的口吻诉说法医生活的辛酸：

"假如你对这个领域感兴趣，也许它会令你恶心作呕，兴许你不觉如是，但大晚上支离破碎、面目全非的尸体会令你感到阵阵恐惧；假如上述的一切都无法阻止你，或许你又缺乏驾驭素描的能力……"

他的手稿辗转相传，成了被忽视的珍宝，直到英国皇室将它购入，但到了20世纪初才审视它的价值，却已经错过影响医学的最佳时机。英国皇室还曾举办列奥纳多的素描与现代人体核磁共振扫描仪图像的对比展览，它们之间惊人地相似。论精细程度，当代扫描技术摘得桂冠，而论艺术性和吸引力，芬奇镇的解剖学家则一举夺魁。

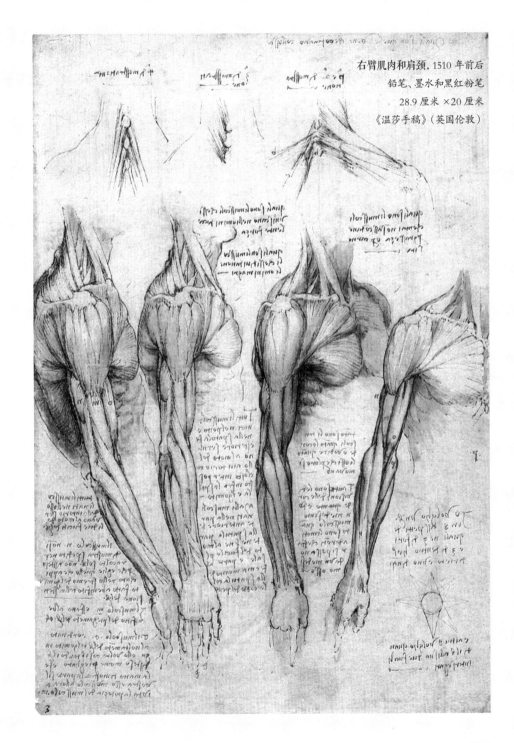

右臂肌肉和肩颈，1510 年前后
铅笔、墨水和黑红粉笔
28.9 厘米 ×20 厘米
《温莎手稿》（英国伦敦）

动物解剖

马的前蹄，1490 年前后
6.6 厘米×1.8 厘米，铅笔和墨水
《温莎手稿》（英国伦敦）

列奥纳多在大自然中找到了最忠实的参谋。研究动物使他灵光一现，模仿它们令人钦羡的特质，尤其是鸟类的特征，充分发挥了他的才能。作为画家，他也渴望了解笔下的这些生灵。

塞尔·皮耶罗[1] 收到一个委托，村里有个熟人托他把一块盾牌带到佛罗伦萨做装饰。他想出了个更好的主意——把它交给天生擅绘的儿子列奥纳多。年轻的列奥纳多想做出恐怖效果，于是带了些壁虎、蜥蜴、蝴蝶、猫头鹰之类的动物到工作室里激发灵感。几天后，当皮耶罗打开工作室的门，冷不防被眼前的景象吓得不轻：看上去哪像一幅装饰画，分明是"吞吐着毒气"的可怕怪兽。列奥纳多见状不得不安抚他的父亲："这幅

---

① 译者注：皮耶罗是列奥纳多的父亲，他是公证员，因此被冠以塞尔的尊称。

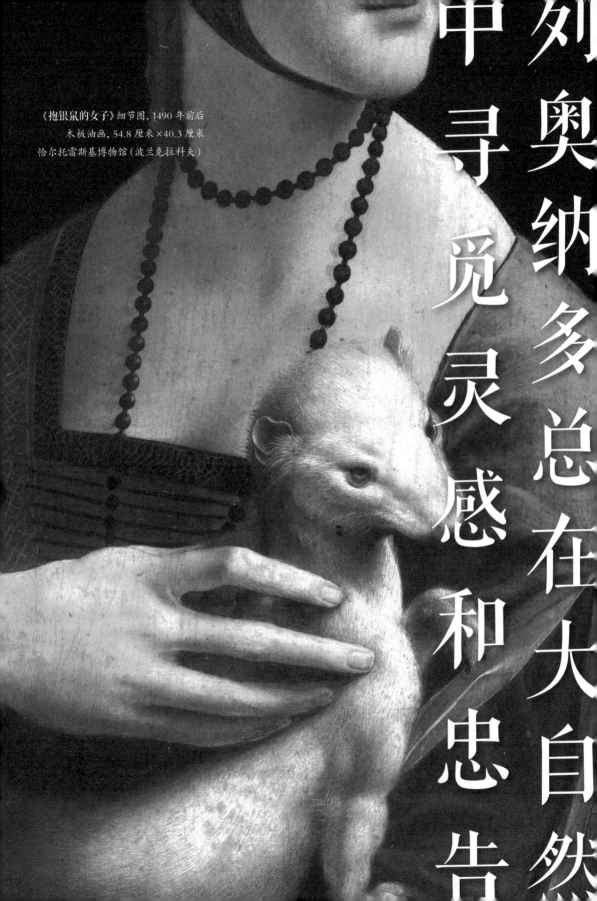

《抱银鼠的女子》细节图，1490 年前后
木板油画，54.8 厘米×40.3 厘米
恰尔托雷斯基博物馆（波兰克拉科夫）

列奥纳多总在大自然

中寻觅灵感和忠告

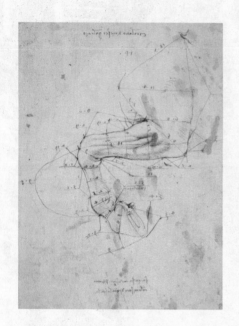

马的左蹄及其尺寸, 1490—1492 年前后
铅笔和墨水, 25 厘米 ×18.7 厘米
《温莎手稿》（英国伦敦）

作品派得上用场。你把它带走吧，这是它应有的样子。"

这段逸事出现在乔尔乔·瓦萨里撰写的列奥纳多传记中，不仅为我们描摹出这个托斯卡纳人的精湛技艺，更揭示了他对大自然和动物的热爱。列奥纳多一生进行了多次动物解剖，好奇心永远是他的动力，但有时也因实际工作的需要，以检验项目的有效性。我们应该记住他在《绘画论》中写下的这段话：

"一个画家永远不应该模仿他的同行，否则他就不是大自然之子，而是大自然之孙。自然界如此丰富多彩，最理想的是直接投入它的怀抱，而不是请教从它那里获取知识的老师。"

这就是列奥纳多的一贯作风：请教大自然这位真正的老师，并在它面前检验自己的想法。

骑士纪念碑

早在于安德烈·韦罗基奥的作坊当学徒时，列奥纳多就对马着迷，这为日后其

左图: 研究马的比例, 1480 年前后
铅笔和墨水, 29.8 厘米×29 厘米
《温莎手稿》(英国伦敦)

右图:《安吉亚里之战》
彼得·保罗·鲁本斯对列奥纳多原作所作的摹本
1603 年前后, 水彩和黑色粉笔, 卢浮宫 (法国巴黎)

对马的解剖及其姿态研究打下了基础。

由此可见, 列奥纳多接过一些骑士雕塑的委托 (见后文评述), 即便没有一件落成。马也出现在他的绘画中, 比如 1482 年创作的《三王来朝》,《研究马的比例》这张图很可能是他最早为这幅画绘制的研究草图。相较于他之后运用的透视法和复杂的算术比, 这项工作相对静态且简要。在这幅图中, 他使用三角格线来划分宽大的几何图形。

他的草图逐渐变得复杂, 笔下的马时而小跑, 时而飞奔, 扬起一两只马蹄。绝大部分草图和项目有关, 比如卢多维科·斯福尔扎委托他制作的骑士纪念碑, 特里乌尔齐奥将军请他打造的纪念碑, 或是他为壁画《安吉亚里之战》(1505 年前后) 所做的筹备工作。如今这幅画已不复存在, 我们也许能从彼得·保罗·鲁

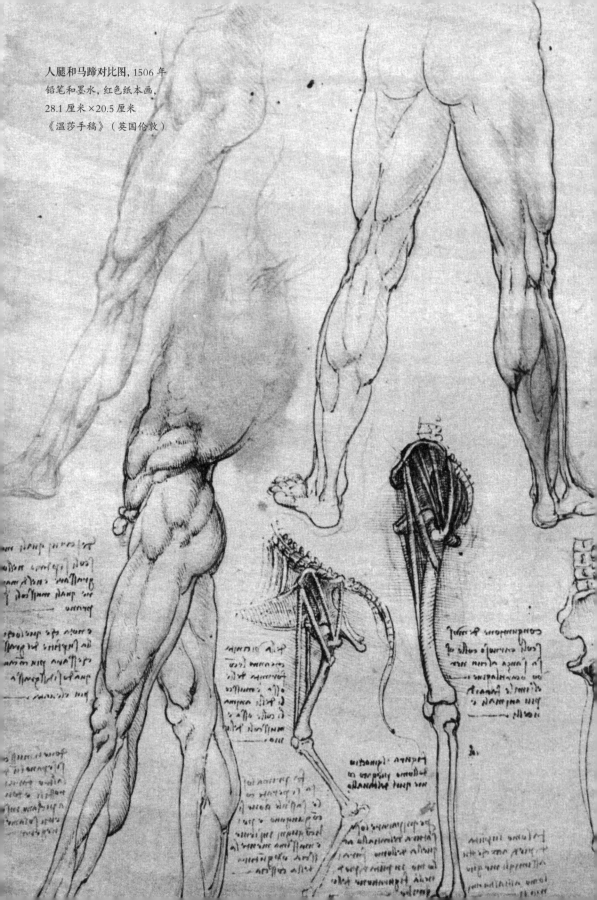

人腿和马蹄对比图, 1506 年
铅笔和墨水, 红色纸本画,
28.1 厘米×20.5 厘米
《温莎手稿》（英国伦敦）

本斯的摹本中领略些许原作的风采。

比较解剖学

列奥纳多试图使用比较解剖学在动物和人类的构造方面概括他掌握的知识。15 世纪 80 年代末，为了使画作更加"写实"，他开始涉足解剖。但他那时仍没有机会进行人体解剖。首先进行的是对动物足部的研究，他认为有必要"撰写一篇关于各类动物足部之间区别的文章"。在这幅 1506 年完成的插图（见左页）中，他画了一个人的骨盆和双腿，旁边是一匹马的后蹄骨骼。

有趣的是，复杂的肌肉以明快的线条勾勒，表现的姿态和力量却毫不含糊，这在列奥纳多生活的时代可谓"现代感十足"，不禁令我们联想到肌肉硕大的超人形象，那可是 20 世纪才出现的。

1512—1513 年[①]，列奥纳多的大部分时间在助手弗朗切斯科·梅尔奇家的别墅度过，距米兰约 25 公里。由于缺乏可供解剖的人体，他只好使用动物。他小心翼翼地解剖鸟、狗和牛，以前所未有的方式详细阐明了一些问题。从他绘制的牛的心脏图中可以看出那惊人的表现力。

---

① 译者注：原文是"继离开罗马之后，1512—1513 年间列奥纳多的大部分时间在助手弗朗切斯科·梅尔奇家的别墅度过"（A raíz de su salida de Roma…1512—1513）。这可能与史实不符，1512—1513 年待在梅尔奇家这件事应该是发生在他前往罗马之前。

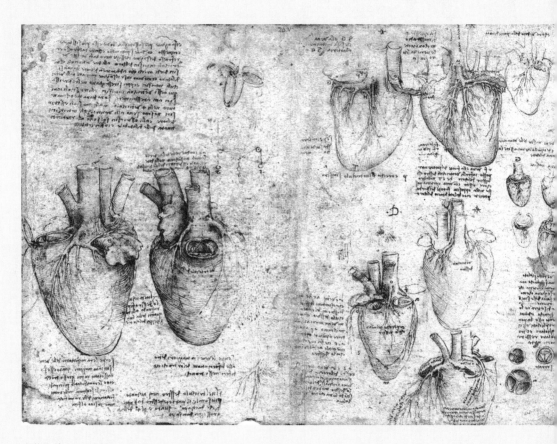

牛的心脏，1513 年前后
铅笔和墨水，29 厘米×41.2 厘米
《温莎手稿》（英国伦敦）

对鸟的研究

列奥纳多痴迷于人类模仿鸟类飞行的可能性。尽管这种迷恋自古有之，他是头一回运用当时"科学"的方法研究这一领域的人。为此，他解剖大大小小的各类飞禽，试图弄清飞行中一些特有动作（例如俯冲和滑翔）的"高端性"在哪里。

他在研究中发现，"控制鸟类翅膀运动的肌肉重量和它其余部分的重量相等"，因此他不得不接受一个事实——人类永远赶不上小鸟拍打翅膀的速度。他也发现，只有小型鸟类通过扑扇翅膀飞行，而大型鸟类例如猛禽，是借助气流维持在空中，扑扇翅膀的作用是改变路径或保持平衡。充分利用自身的身体构造，舍弃通常的机械动作，这就是滑翔。这些发现最终引导他设计了单独一只的宽大稳固的翅膀，而非两只可供拍打的翅膀。

一切再次证明：大自然是最好的老师。

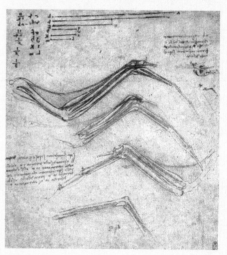

上图: 熊掌解剖图，1488—1490 年前后
羽毛笔、铅笔和墨水，蓝色纸本画
16.1 厘米 ×13.7 厘米
《温莎手稿》（英国伦敦）

下图: 鸟类翅膀的解剖和对飞翔的研究
1510—1514 年前后
铅笔和墨水，22.4 厘米 ×20.4 厘米
《温莎手稿》（英国伦敦）

猫、狮子和一条龙

1513—1518 年前后

铅笔和墨水，27 厘米 ×21 厘米

《温莎手稿》（英国伦敦）

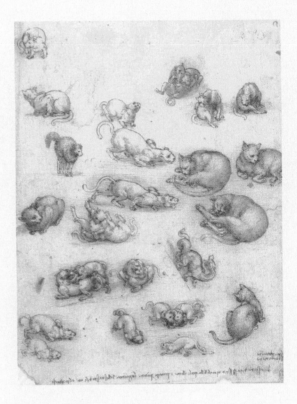

对动物的热爱

列奥纳多的暮年，很可能在法国潜心研究自然科学的时期绘制了一系列新奇的草图，有关运动中的猫、狮子和马，留存至今的寥寥无几。每幅图中的动物都生龙活虎。他想撰写一篇专门论述四足动物的文章，"其中包括人类，因为人类童年时在地上爬行"。我们还将在他的舞台设计师阶段看到，他画过一些想象中的神异动物，比如龙。

光学的视野

列奥纳多对人类和大自然的兴趣也促使他研究感官，其中视觉引起了他的特别关注，无论从人类生理学还是物理学的角度。尽管他的一些推测并不正确，却为日后隐形眼镜的发明立下了些许功劳。

我们需要强调，视觉光学和几何学是列奥纳多研究光学的两个视角，是他一生关注的对象，他也在实践中不断修正自己的认知。令人惊讶的是，大约在 1480 年，他认为眼睛能放射一种"光线"，从而产生视力，这大概是基于"邪恶之眼"①之类的传说和寓言。然而，到了 1490 年左右，他做了自我修正，认为是物体发出的光线射向眼球——这一观点朝真理跨进了一大步。列奥纳多很有可能阅读过穆斯林智者海塞姆（公元 10 世纪）

列奥纳多在笔记本上记录了在眼中矫正视觉缺陷的装置。

下页：**图解光学及其他内容**，1508 年前后
铅笔、墨水和红色粉笔
43.7 厘米 × 31.4 厘米
《温莎手稿》（英国伦敦）

这几页笔记证明了列奥纳多对光影的迷恋。他研究视觉光学，了解到光线穿过瞳孔时，图像会颠倒。尽管他提出的模型不正确，却轰动一时。他还记录了太阳光照射一杯水时呈现的"彩虹色"，分析鸟类羽毛及水上油膜的彩虹般色彩，等等。

---

① 译者注："邪恶之眼"是一个带有迷信色彩的民间传说，认为人眼具有带来不幸甚至死亡的杀伤力。

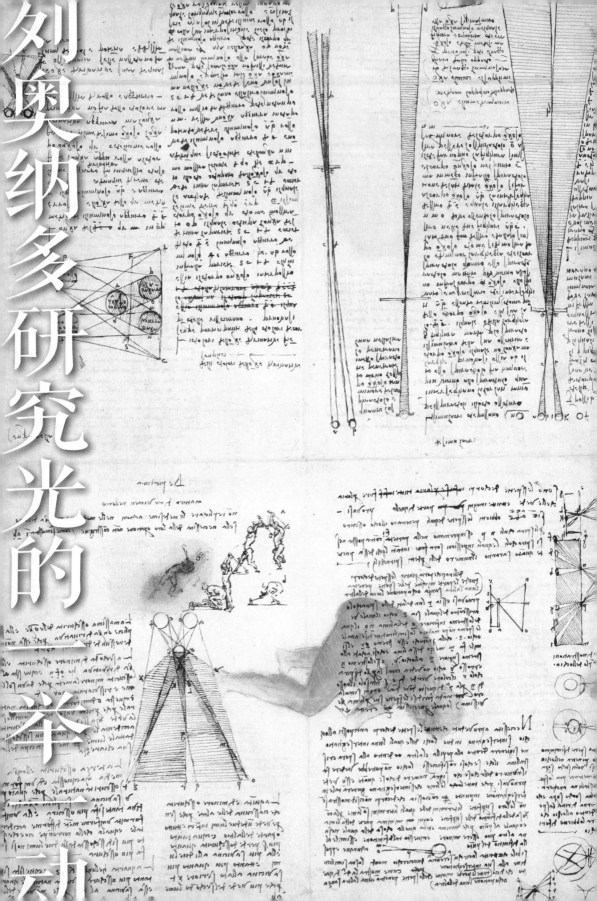

列奥纳多研究光的举一动

的著作，其中提到"紧闭的双眼在睁开的瞬间看到遥远的物体，比如夜空中的星星"，由此可以推断，"眼睛发光"的设想就没有意义了。

在《大西洋古抄本》中，列奥纳多提到他了解照相暗箱的原理，这很有可能是因为他拜读过海塞姆或波兰人威特罗的光学专著，也不排除作为画家的他和同代人一样需要借助这种设备的可能性。无论如何，他在1502年的一本笔记中描述了照相暗箱：

"假如建筑物的一面墙、一个地方或一片风景被阳光照亮，而对面有一栋未被阳光直射的建筑，其某个房间的墙上有个小孔，所有被阳光照亮的物体将通过这个孔传递图像，并投射在小孔对面的墙壁上，图像倒置。

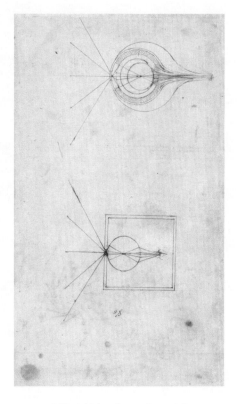

人眼示意图，《大西洋古抄本》921r页
安布罗西亚纳图书馆（意大利米兰）

离小孔不远处有一张被垂直放置的白纸，这些图像的形状和颜色被原原本本地记录在纸上，由于光线在墙壁的小孔交会，呈现出的图像比例缩小，位置颠倒。假如这些图像产生于阳光照射的地方，那么它们在纸上将展现原本的面貌。纸张应该很薄，可以从反面看到图像。"

接触照相暗箱后，列奥纳多似乎开始将它和眼睛的功能对应起来：图像经过小孔后倒置，这同样适用于瞳孔。他在笔记本上画了270多幅照相暗箱的简图，犹如现代摄影师那样，用

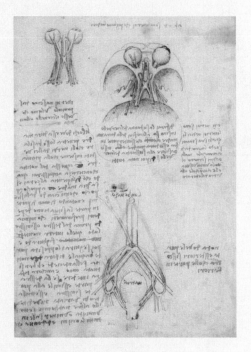

脑神经, 1508 年前后, 铅笔和墨水, 19 厘米 × 13.6 厘米
《温莎手稿》（英国伦敦）

列奥纳多试图在手稿中展示视觉从眼睛到大脑的传输路径（前页图）；上图是头颅的横截面，显示了眼球、视神经以及大脑前方由视神经构成的 X 状视交叉，还能看到嗅叶及嗅神经。

大小、形状各异的小孔做实验，在摸索中前进。

之后，他详细描述如何在一个布置好的房间内看到外部亮光照射下物体的倒置图像，并基于此提出"视觉金字塔"的问题，即从每个物体的表面出发，在一个特定的距离开始汇聚，直至交会于一个点的线条的总和。他还提出两个基本观点：一个是物体大小和距离的反向关系；另一个是，远处的物体会变得模糊不清，首先消失的是它最细微的部分，也就反映了空气透视的原理。

眼睛内部

列奥纳多依据两个同心球体为眼睛假设了一个几何模型，由外部的角膜和内部的晶状体构成。这个模型存在两个错误：首先，出现两次倒置，这是为了防止图像在视网膜内颠倒；其次，光线汇聚后穿过视神经，这可能是继承了盖伦学派的观点，认为视神经的区域是空的。

列奥纳多有一项发明被历史忽略了，那可是隐形眼镜的前身。他详细描绘了一个矫正眼睛散光的装置——拿一支玻璃管，在底部放置一片透镜，注入水，再将镜片佩戴在眼睛上。水覆盖了角膜表面，"弥补"了散光。这个托斯卡纳人并非有意成为眼科学的先驱，而是对屈光学及球面镜的反射和折射感兴趣。事实上，他在罗马时有个制造镜子的作坊，他沉浸在镜中图像无限复制的乐趣中，好似一个游乐场里的欢快孩童。"寓工作于游戏"根植于他好奇的心灵。

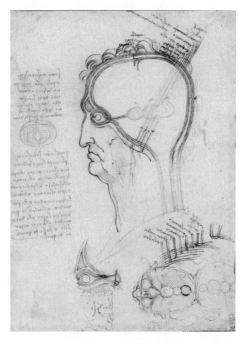

头皮表层及脑室图，1499 年前后，铅笔、墨水和红色粉笔，20.3 厘米×15.3 厘米，《温莎手稿》(英国伦敦)

列奥纳多描绘出人的头部和洋葱皮层的相似性。在大脑内，他将脑室绘制成三个球状的空洞，认为是脑力机能的所在地：第一个洞汇聚了头脑的"原料"，储备常识、想象力和幻想；第二个通过推理，处理上述信息；第三个则是在记忆中储存结果的地方。一个世纪后，勒内·笛卡尔在达·芬奇的基础上撰写了《屈光学》，探讨光学中反射、折射的基本原理以及改善视力的方法步骤。

天文学的直觉

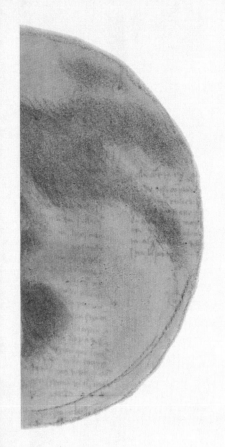

月球斑点细节草图，来自《大西洋古抄本》

天文学！对，列奥纳多以现代的眼光探索这门学科，他的直觉敏锐得惊人。从手稿看来，他擅长用简单明了的方式解释复杂难懂的概念。这再次证明，他懂得超越当时的知识。

列奥纳多不满足于只关注地球，他放眼周围的其他星球，利用触手可及的资源，进行实验和理论研究，找寻它们与地球之间的关系。"想要得到最佳答案就要提出最佳问题"在新闻界中很流行，那么列奥纳多无疑是个带有尖锐批判精神的"记者"。他常常自问：太阳为什么发热？星星、地球或月亮为什么发光？当时科技的发展无法给予他所有问题的答案，因此他只能眼看着现象的产生，却无法知晓其中的原因。但有时他凭借其他领域的知识，能得出一些精彩的结论。

列奥纳多，还论述了天空为何呈蓝色
天空为何呈蓝色

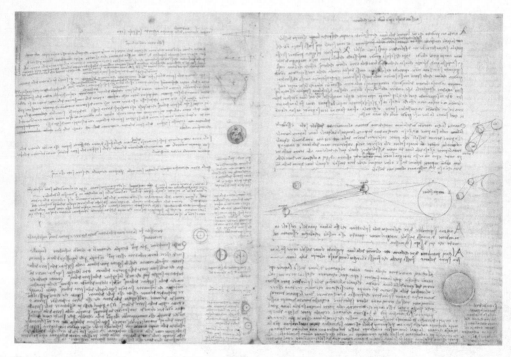

对天文学的研究

《莱斯特手稿》，1994 年成为富豪比尔·盖茨的财产

关于月球的灰光

这也许是他最重要的发现，至少敏锐而真实。无论古时还是现在，每个月有几天，当我们遥望晴朗夜空中的新月，或是在上弦月、下弦月的头几天，仔细观察就会发现月盘周围微弱而虚幻的光晕。这就是"地照"现象，即"月球的灰光"，也称"新月抱旧月"。几个世纪以来为了解释这一现象，人们脑洞大开，甚至认为月亮由一种半透明的物质构成，被照亮的另一面可以透出光来。

"灰光"使整个月球轮廓清晰可见，
源于地球反射了太阳光。

　　那时，尼古拉·哥白尼尚未发表"日心说"（他的《天体运行论》
1543 年才出版），"地球是平的"一说仍占据主导地位。达·芬奇在
1508 年前后研究光学期间渐渐被引入天文学领域。他在一本笔记本上描
绘了这一神秘的自然奇观的可能成因。那时他正在探索太阳光对地球环
境的影响，他发现海水反射了太阳光，照亮了月球。

　　换句话说，地球表面犹如一面巨大的镜子，收集了太阳光，并在夜
晚照亮了月球可见的一面。

　　我们不排除在列奥纳多之前已有类似的推测，但他是第一个把想法
记录下来的人（虽然这些论述在他辞世后通过手稿才被发现）。他提出

的理论在当时堪称完美，但今天看来他还是犯了错误。地球发光是因为海洋反射了太阳的光，其中云起了主要作用。同样，列奥纳多认为月球上存在大气层和海洋，阿波罗 11 号的宇航员们想必不以为然。我们知道，地球照亮月夜，是满月亮度的 50 倍，也就是说，月球人（假如存在）的私密性不会太好。

关于太阳、天空和重力

列奥纳多的草图反映出地球占据了太阳系的中心，他顺着墨守成规的地心说，描绘月亮和太阳绕着地球的轨道转动。然而，他在一页笔记的边缘写下 "Il sole non si muove!"（太阳不动），令多少人期盼着天才的下一笔！会不会比哥白尼提前几十年得出相同的结论？也许心知肚明后，他选择了默不作声，以免惊动宗教法庭。然而，没有确凿证据表明他发现了"日心说"，或许这只是为舞台剧设计的一幕地球轨道场景。如此也罢，对于他的"信徒"来说，这句话价值千金。

在研究天文学、物理学和光学之际，列奥纳多还反复关注一个问题：天空为什么是蓝色的？这个问题小孩都会问，长大后却不再考虑。然而杰出的人永远不会驻足于事物的表面，列奥纳多当然要刨根究底。在他众多的设想中，有一个与事实十分接近。他写道："我们看到天空的蓝色并非它本来的颜色，而是由于温热的湿气蒸发，变成微粒，它们不易察觉，遇到阳光后会发亮。"我们今天知道大气层散射不同波长的光，尤其

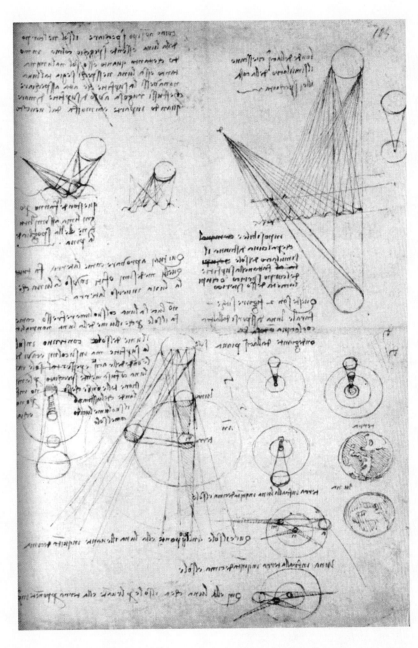

对天文学的研究，1507 年前后
17.3 厘米×24.6 厘米，《阿伦德尔手稿》104r 页
大英博物馆（英国伦敦）

是短波，比如蓝色波。因此对于列奥纳多生活的时代，他得出的结论超越了直觉范畴。

他使用了一个比喻："行星如同磁铁般互相吸引。"从某种意义上来说，他通过简练的语言道出了"万有引力"的概念，尽管与开普勒和牛顿科学的远见卓识相去甚远，但依旧可以窥见他敏锐的洞察力。

关于重力问题，列奥纳多通过一幅草图说明了永动机的不可能。他想象朝着地球中心穿一个洞，可以从一端到达另一端。假如从一端扔一块石头到洞里，它将会穿过中心，继续前进到达另一端，然后它原路返回再次穿过中心，并从扔石头的洞口出来。这一钟摆式运动将持续很长时间，但幅度逐渐变小直到石头最终停在地球中心。他的假设表明永动机不可能存在，但他并未意识到促使石头在运动中减速的"真正"原因——由空气产生的空气动力学的阻力。简而言之，假如石头运动的空间是完全的虚空，即没有空气和其他流体的介入，那么就不存在阻碍石头运动的力，永动机的原理也得以成立，但这正是列奥纳多试图否认的。

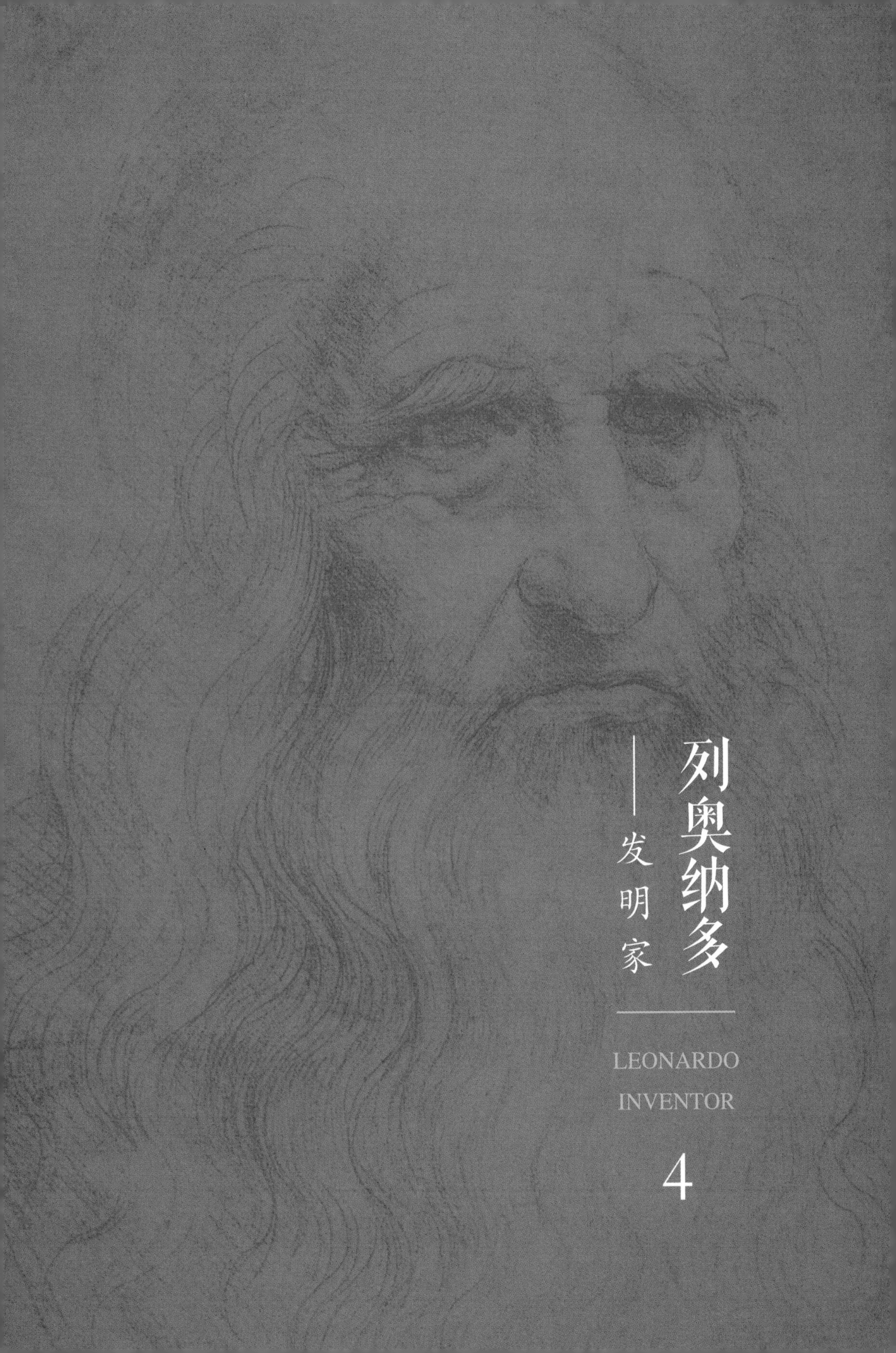

列奥纳多

——发明家——

LEONARDO

INVENTOR

4

骇人的武器

站立的士兵手持盾牌抵御爆炸的炮弹
1487 年前后
羽毛笔和墨水，20 厘米 ×27.3 厘米
《温莎手稿》（英国伦敦）

　　说起列奥纳多，人们常联想到他充满美的艺术创作，或是造福社会的实用发明。然而，由于赞助人都是意大利的权贵，他有时得想方设法投其所好：战时的装备无疑将增强他们的实力。

　　中世纪时期，城邦间的战争频发，佛罗伦萨、威尼斯、热那亚、费拉拉、米兰等地都拥有独立的主权，在战争与和平中勉强共存。到了 15 世纪左右，这种形势得到控制。列奥纳多生长在这个年代，正如我们所知，他先是效力于佛罗伦萨的美第奇家族，然后被好意"转"给米兰的斯福尔扎家族。

　　然而 15 世纪末爆发了所谓的意大利战争。法国国王查理八世和他的继任者路易十二自认为拥有意大利米兰等地的统治权，先后攻占了亚平宁半岛。在这一系列战争中，列奥纳多于 1500 年被迫离开米兰，那时斯

斯福尔扎家族

雇佣列奥纳多为军事工程师

尔扎家族和波吉亚家族

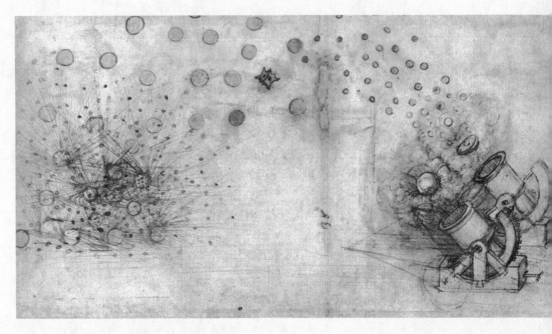

发射可延迟爆炸炮弹的迫击炮,《大西洋古抄本》9r 页
安布罗西亚纳图书馆(意大利米兰)

福尔扎被法国人逮捕且囚禁起来。一段时间后,法国最终输掉
了战争,将欧洲的霸主地位拱手让给了西班牙哈布斯堡王朝。

战争:诱人的武器

回到之前的 1481 年,列奥纳多在那封写给米兰领袖卢多维
科·斯福尔扎的信里毫不犹豫地自称军事工程师,尽管他的兴
趣不在于此。他知道,假如能说服米兰公爵雇自己为军事工程师,
就能得到丰厚的酬金,用来继续钻研更高尚的事业。

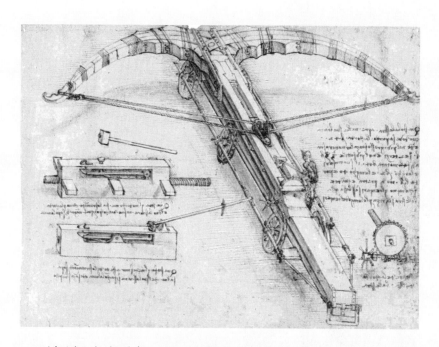

列奥纳多似乎了解，战争双方的心理因素至关重要。他意识到武器可以造成敌军的敬畏或恐惧，并能产生强大的杀伤力。也许这是促使他设计巨型弓的原因之一，该弓宽度约23米，从图中可推断出，发射的更有可能是火药或石头，而不是箭。

《大西洋古抄本》53r页

安布罗西亚纳图书馆（意大利米兰）

1. 我有办法建造一座十分轻巧且便于运输的桥梁，用于追击逃跑的敌人；我能建造更坚固的桥梁，以抵挡敌军的炮火和袭击，且收放自如；我还对烧毁敌军的桥梁有所研究。

2. 在被围攻时，我知道如何排出壕沟的积水，搭建浮桥和云梯，以及其他类似的装备。

3. 如果您处于较高或坚固的阵地，无法炮轰一些特定地点，我有办法摧毁任何堡垒，只要它们的地基不是构筑在岩石上。

4. 我还能建造轻巧便携的大炮，喷出的石子犹如冰雹，造

给卢多维科．斯福尔扎的信，羽毛笔和墨水，《大西洋古抄本》391a 页
安布罗西亚纳图书馆（意大利米兰）

成的浓烟会令敌人惊慌失措，伤亡惨重，使他们陷入迷茫和混
乱的状态。

5. 我可以悄无声息地在任何指定地点开凿笔直或蜿蜒的地
下通道，在壕沟或水下也没有问题。

6. 我建造的装甲战车可携带炮兵冲入敌军阵营，并且可为
紧随其后的步兵开道。

7. 根据实际情况的需要，我可以制造不太常用的武器，比
如轻巧的加农炮和迫击炮。

8. 如果炮轰无效，我有办法以弩炮、投石机等不太常用却
卓有成效的武器代替。总之，需要时我能提供无数方案，用于
进攻和防守。

9. 在海上作战时，我能建造用于进攻和防守的装备，以及
足以抵御敌军最强劲的炮火、弹丸或其他武器的船只。

10. 和平时期，我可同其他建筑师一样建造公共建筑或私人住宅，规划水道，一定令您满意。我还会用大理石、青铜和石膏制作雕塑，另外在绘画方面，我相信无人可与我匹敌。

这是一个自负的天才写的信吗？即使是在对列奥纳多了解甚少的情形下，它看上去也不像天真的自吹自擂，用一句"这些是我的本事"开始，以不失稳重的语调将以上各项娓娓道来，逐一陈述他力所能及的事情。当然，列奥纳多绝非等闲之辈。这个托斯卡纳人相信自己所言如实，便以这段话收笔：

"……如果您觉得之前提到的事项难以实现或不太可行，我很乐意在您的花园或任何您选定的地方进行演示。在此谨献上我最卑微的敬意。"

我们知道，列奥纳多最终主要以艺术家和舞台设计师的头衔被米兰公爵招了进来，军事工程师的地位倒是其次。并没有证据表明他发明的战争设备付诸建造，但他的设计从艺术层面来说精致美观，像是为广告活动制作的宣传画那样吸引眼球。至于技术层面，必要时再讨论。无论如何，值得一提的是，他在草图中经常绘制火药，15世纪这一发明在欧洲尚处于摸索阶段。列奥纳多站在时代的前沿，知道火药属于未来。

镰刀战车和装甲车

作为杰出的文艺复兴人，重温古典并从中汲取灵感是列奥纳多的必修课。轮子上带有锋利武器的战车已不再新奇——谁

镰刀战车、装甲车和长矛, 1487 年前后, 铅笔和墨水, 17.3 厘米 ×24.6 厘米
《阿伦德尔手稿》, 大英博物馆（英国伦敦）

重建的列奥纳多的装甲车

没看过电影《宾虚》呢？列奥纳多着重提高装备的摧毁力。他一生都强调的军事思想，如今可在都灵、巴黎和温莎的手稿中一探究竟。我们看到带有旋转镰刀的装备，然而列奥纳多自己也承认"镰刀战车常常造成两败俱伤"。

在手稿中，镰刀战车的同页，列奥纳多描绘了一种惊人的器械——装甲车。这台设备在今天看来是坦克的前身，可朝任意方向移动且配备大量的武

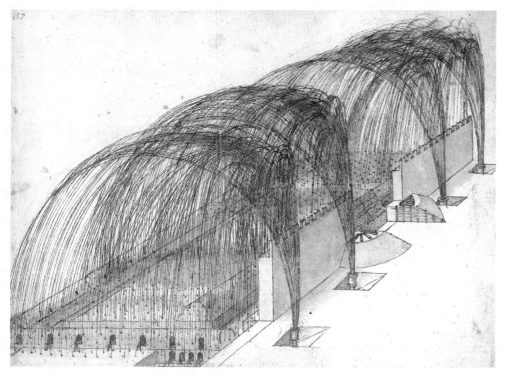

堡垒中的四座迫击炮，1503 年前后，铅笔和墨水，32.9 厘米 ×48 厘米

《温莎手稿》（英国伦敦）

器。它的圆形发射台带有轮子，可以 360 度发射炮弹。它的保护盖由金属片加固，犹如坚硬的龟壳，在面临敌军炮火时以倾斜的方式防御。顶部有个炮塔，用来调整炮弹的发射和行进的方向。

列奥纳多设想，可由八个人在车内通过曲柄控制装甲车的转动。他原先计划使用马匹，但后来考虑到动物在装甲车里的随机性太大，便放弃了这个想法。

从车上的连接杆判断，装甲车永远不可能前进。有人认为这一低级错误列奥纳多肯定不会犯，也许作为"内心的和平主

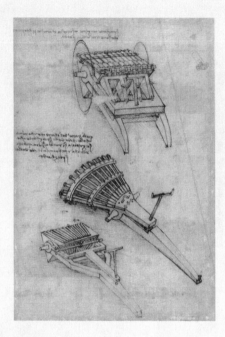

三种火器
《大西洋古抄本》157r 页
安布罗西亚纳图书馆(意大利米兰)

义者",他是有意破坏自己的设计罢了。当一个天才被人五体投地崇拜时,众说纷纭也在所难免。

迫击炮、"冲锋枪式"弩炮和炮弹

列奥纳多也研究战争设备的发射物。这位博学家探索了空气阻力,一个半世纪后伽利略·伽利雷才深入研究这个问题。列奥纳多设计了一种迫击炮,能够为炮弹预设发射弧度。这在他 1490 年左右的射击学研究中有所体现,由此可以看出,他对迫击炮和加农炮的炮弹发射方位有全面的了解。这些器械被安置于城墙的四周,用于围剿城内的敌军。迫击炮能喷射雨丝状弹片——炮弹被储存在一个皮质口袋中,一旦离开发射口就会自动冲破口袋,依据事先调试的宽广角度在空中散开。

列奥纳多也对炮弹本身进行优化,使之达到理想状态。炮弹不仅由铅制成,还配备了一种点火系统,抵达目标后(而非离开发射口后)爆炸,散落的弹片可造成最大限度的杀伤效果。这一发明对于"异想天开"的列奥纳多来说可谓喜忧参半,因为当时的烟火制造术还未发达到可令炮弹延迟到任意时刻爆炸的程度。迟至 20 世纪乃至 21 世纪,臭名昭著的"集束炸弹"才能够做到这点。

还有一种战争设备是加农炮。在军事工程研究的阶段，列奥纳多发现军队的机动性是成功的关键，并对此深信不疑，他的许多战争发明都体现了这一点，比如桥梁和活动梯。还有一个很好的例子，那就是三管大炮。在那个年代，由于加农炮十分沉重，在战场上放置完毕后很难移动，装载炮弹还非常耗时。列奥纳多设计的三管大炮同时解决了这两个问题：既迅捷又轻便的设计，使其在战场上杀伤力倍增。

他以相同的思路设计了一种33孔大炮，炮管分成3排，每排11个炮孔，均与同一个旋转式发射台相连。发射台的侧面配有转轮。我们知道列奥纳多看重炮弹的装载速度和军队的机动性，那么这一设计的理念就是当一组炮弹发射出去时，另外两组可蓄势待发。这一装置能完成连贯的多次发射。由于大炮的一排排炮管和管风琴的管相似，它也被称为"管风琴炮"，被看作现代机关枪的前身。

所有这些设计都值得我们关注，不仅在于它们在实战中发挥的作用，还因为列奥纳多探索火药的多种可能性，可助军队一臂之力。

堡垒和船舶

在建筑师的阶段，列奥纳多从进攻和防守两方面调研过堡垒。他设想了多

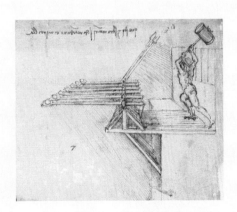

持锤发射石头的人
《大西洋古抄本》160r 页
安布罗西亚纳图书馆 (意大利米兰)

135

堡垒的设计
《大西洋古抄本》117r 页
安布罗西亚纳图书馆（意大利米兰）

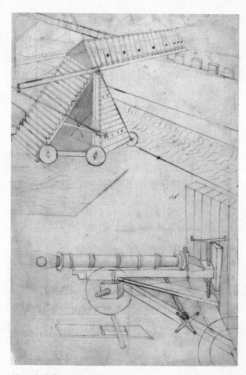

用于进攻堡垒的云梯及大炮
《大西洋古抄本》49r 页
安布罗西亚纳图书馆（意大利米兰）

种围攻方法，有些沿用了中世纪的旧方案，有些则是现代手段。比如他构想了一种云梯，倚靠在被壕沟护卫的城墙上，这样可以防止进攻的士兵被对方的弓箭射伤。

有趣的是，最能彰显列奥纳多技艺的堡垒是其为法国政府攻占米兰而设计的。在特里乌尔齐奥将军的指挥下，斯福尔扎被逐出米兰。那时军事防守显得尤为重要，列奥纳多设计了一种空前的堡垒，由两层同心圆柱状的城墙包围主城堡——想必是将军的大本营。堡垒上设立了 13 个圆形瞭望塔，外围城墙微微倾斜，有助于缓冲敌军的武器进攻。另一个创新在于对传统雉堞的摒弃，取而代之的是小型射击孔，可供防守的士兵用火器射击。城墙顶部呈圆角，可有效减少敌军炮轰造成的损失。

列奥纳多还绘制了其他新型武器，从用途可疑的自动盔甲到一次性完成数次发射的弹弓。他设计的船只以速度快、操作简便为基础，可出其不意地重创敌军阵营。

列奥纳多和阿基米德："战时的慈善家"

我们不难察觉，列奥纳多有一颗人文主义者的心，却又有一颗充满智慧而致命的头脑。在战争中为自己的雇主服务可能造成千千万万人丧生，关于这一点，列奥纳多知道一位他引以为傲的先辈——阿基米德。时隔1700多年，这个锡拉库萨人和这个托斯卡纳人的相似之处多得令人惊讶。为了纪念这位希腊大师，列奥纳多甚至将他设计的一件战争装备命名为"阿基米德的雷鸣"。阿基米德也曾为好战的皇帝担任过军事工程师，一些发明令敌人闻风丧胆，但是，他的另一些发明造福了子孙后代。

等比例重建的列奥纳多的"蝎子船"

飞行的梦想

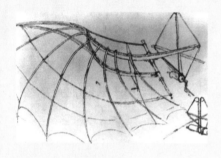

带摇把的扑翼飞行器
《大西洋古抄本》313 页
安布罗西亚纳图书馆（意大利米兰）

对飞行的向往是古今中外人类的共通之处。然而纵观历史，列奥纳多是首个以科学方法尝试飞行的人。生活在 15 世纪的他尽管建立了错误的理论，但他的远见和基于鸟类飞行的研究依旧令我们敬仰。

列奥纳多是放飞想象力的大师。他渴望成为代达罗斯。希腊神话赋予两个人翅膀，他们是父亲代达罗斯和儿子伊卡洛斯。为了逃离为国王米诺斯在克里特岛建造的迷宫，代达罗斯设计了翅膀。睿智理性的父亲达到了目的，而年轻冲动的儿子因得意忘形飞得越来越高，太阳熔化了翅膀羽毛间的蜡，他最终不幸坠海溺亡。

列奥纳多不想成为伊卡洛斯。

然而，可以说他成了西西弗斯的化身，尽管始终坚持人类的飞行梦，却从未实现，或者说未完全实现。

列奥纳多进行了关于飞行的初步科学试验

《代达罗斯和伊卡洛斯》(作者:查尔斯·保罗·兰登),1799 年
54 厘米 ×43.5 厘米,布面油画
阿朗松市立美术与花边博物馆 (法国)

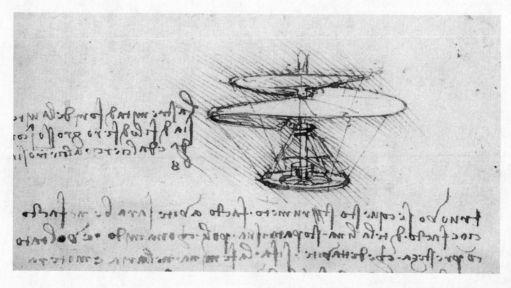

"空气螺旋"——关于飞行器的研究
《手稿B》83v页，1489年前后
法兰西学院（法国巴黎）

依据上图列奥纳多的"空气螺旋"手稿重建的3D模型

我们看到，进入21世纪的人类仍无法只靠一己之力飞翔，这对于列奥纳多来说应该是个"慰藉"。蒙哥尔费兄弟在1783年第一次通过热气球悬浮在空中，后来莱特兄弟等人发明了飞机、直升机和其他类似的飞行器。如果我们在网上搜索"Flyboard Air"（飞行滑板），将会发现一个全新的概念：单人飞行。

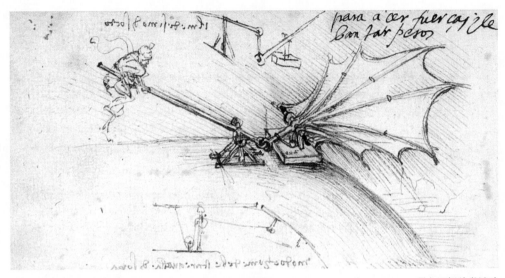

用人工翅膀做试验
《手稿B》88v页
法兰西学院（法国巴黎）

物理学和解剖学研究者

　　列奥纳多设计了飞行器，但永远不可能成功。问题大多数情况下出在推进系统上，即如何支撑空中的人体重量，而这种支撑的动力并不存在。人类能像代达罗斯那样造一对飞翔的翅膀，但缺少必要的力气和身体构造来扇动它们。在米兰的最初几年，列奥纳多开始对飞行感兴趣，也许与舞台设计师的工作要求有关。为了给节目增光添彩，韦罗基奥和布鲁内列斯基都曾在舞台上展示过一些飞行场景。但列奥纳多想得更长远，他知道最好的方式莫过于在大自然中无拘无束地探索，也就是研究鸟类飞行。为此他常常记下相关笔记。

鸟类是一种依据数学法则运作的机械，人类可以制造出这种机械的所有动作，但在力量方面可能有所不及……

当人类能够制造出克服空气阻力的巨大翅膀时，就能够在空中升高……

你要研究一下鸟类翅膀和胸部肌肉（负责提供动力）的解剖学，然后再研究人类，证明人类能够通过扑扇翅膀悬空。

列奥纳多了解到空气和水一样，是一种动力流体，只不过密度较小。他对两种流体做过不同比较。例如，他从鸟类在空中的飞行和鱼类在水下的游动发现，在一定条件下，所有物体都可以悬浮于流体，但所谓的条件很难满足。他还研究了气象学，设计了风速仪和温度计，衡量飞行中的空气阻力。

即便如此，列奥纳多的大多数想法都有误且不具备可行性。例如，他推崇"划船鸟"的理论，即翅膀如船桨一般向下拍打，使身体向前推进。科学证明，鸟类的飞行过程应另当别论，好比静压力和动压力起到的作用。他还认为重力在较高处会减弱。

不过，列奥纳多的有些想法既新鲜又准确。他证明，一股经过身体的气流与身体以相同速度穿过静止的空气具有相同效果。换句话说，他预测了当今完善空气动力学的必要工具——风洞的发明。

列奥纳多的研究

很多手稿中包含了列奥纳多关于飞行的研究，比如《莱斯

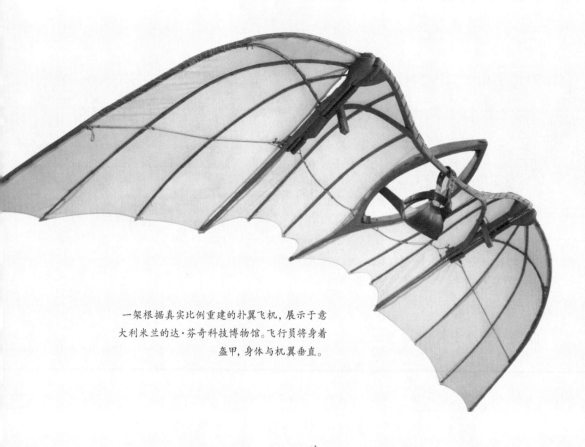

一架根据真实比例重建的扑翼飞机，展示于意
大利米兰的达·芬奇科技博物馆。飞行员将身着
盔甲，身体与机翼垂直。

特手稿》《提福兹欧手稿》《阿伦德尔手稿》和《大西洋古抄本》。
还有一本18页的手稿，于1505年某月在佛罗伦萨撰写，全篇
只关注这一个话题，那就是内含174幅插图的《鸟类飞行手稿》。
从他的研究中能看出两个目的：其一是了解产生飞行的环境（空
气）；其二是构思最佳的推进结构，探究人体的动力潜能。

在列奥纳多"有翅"的事业中，他用纸笔构思出一系列飞
行机械。特别值得一提的是"空气螺旋"的发明，从中可以看
出他是如何将空气和水一视同仁的。

"我认为，假如这架机器拥有细密的亚麻布和快速的起动

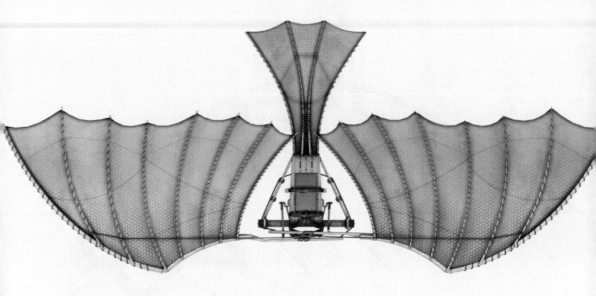

依据列奥纳多手稿重建的一个扑翼飞机 3D 模型，能依靠
腿部拍打带动机尾，以最大能力改变方向，翼展约 10 米。

机制，这样才完善，螺旋将在空中上升，一直飞向高处。"

　　也就是说，他将阿基米德螺旋线在水中的应用置于空气环
境，以"螺旋状"的形式保持悬空状态。阻碍这项发明实现的
有两点：第一，如何产生足够的速度转动直径 5 米的翅膀，使
飞行器在空中螺旋状上升；第二，飞行器主体的转向将与螺旋
运动的方向相反。然而，列奥纳多对材料细节的关注是惊人的：
他发现有必要处理亚麻布的多孔问题，因为如果不处理无疑将
在飞行中减损机械运转的效率。

　　说到列奥纳多笔下的其他飞行器，我们可以用"扑翼飞机"
（由人自身力量驱动的带翼机器）的标题来概括。他最初设想
的是飞行员垂直站立，只借助手臂的力量。之后他可能意识到
上半身肢体力量的欠缺，便提出了另一种假设，即飞行员处于
水平位置，双腿模拟鸟尾，这样能够产生更多动力。他预估产

生的力能够达到 425 公斤。

　　他不断完善自己的设想，如增添固定装置、通向飞行器的梯子和塔夫绸面罩等，还配备了使用说明书，这很可能是用来解释说明应对紧急情况的"尖端科技"。他倾向于在水上进行试验，设计了一个充气皮囊作为落水时的缓冲装置——这是安全气囊的雏形吗？作用和落水时使用的救生衣一样。最终他的扑翼飞机有没有起飞呢？他在手稿中这样描述道：

　　"巨鸟飞跃佛罗伦萨的切切里山，将受到全世界文字的赞颂。"

　　他试飞了吗？传言说他有个助手这么做了，结果落下来摔断了腿。

　　今天我们会认为列奥纳多的飞行梦有些天真，但他代表了那个年代研究这一课题的最高科学水平。他的手稿在流散中被人遗忘，直到 19 世纪被重新发现时，已无法成为后人视为基础加以完善的对象，完成伊卡洛斯和全人类的梦想也为时已晚。

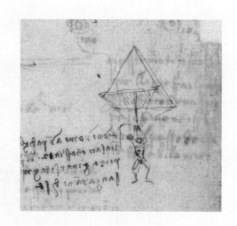

列奥纳多绘制的一幅草图，今天我们称它为"降落伞"，宽度和高度约 7 米。他在笔记本上写道："一个人背着约 12 意尺长宽的布篷子，就能无所畏惧地跳向空中。"
《大西洋古抄本》1058v 页
安布罗西亚纳图书馆（意大利米兰）

下图是依据上面草图制作的 3D 模型

弗兰兹·瑞切特：疏忽大意的列奥纳多

即便由于飞行员的体重和挥臂力量的比例不协调使得列奥纳多的设想无法实现，他的扑翼飞机仍旧为今天的三角翼做了铺垫。1912年，在天才与疯狂之间（也许偏向后者），一个名叫弗兰兹·瑞切特的法国籍捷克裁缝打扮成列奥纳多的模样（见上图）。他自认为缝制了一件带有"飞行器"和"降落伞"双重功能的衣服。当然，列奥纳多会允许他人尝试他的设计并为飞行中可能产生的倾斜提供必要的补救措施。同年2月4日，在法国宪兵队的批准下，瑞切特登上埃菲尔铁塔第一层。他本打算在空中滑翔，但他的装备没有发挥作用，那落地的一刹那令在场所有的人都印象深刻。

永恒的智慧

列奥纳多的发明总是互相渗透，他为每项技艺都留下些许创新，并借此完善这些技艺，也许这正是他的意图所在。他设计的机械并不总是操作简便，可他的悟性却常常超越了时代。作为发明家，他留下了丰富的手稿和相关的奇闻趣谈。

在 67 年生命中，列奥纳多积累了上万页手稿，这些记录思想的笔记常常是一挥而就。有时一个想法被钻研得很深，以至发展出长篇大论；而有时，一幅简单草图挤在页面角落，无人问津。一般来说，他的发明一部分是为了完成委托的任务，一部分则是满足自己好奇心和创造力的需求。

无论是他的创造才能还是绘图本领，都颇具震撼力。相较之下，他深究细节的能力逊色不少，一些轻描淡写的论述常常是纸上谈兵。有时因为漫不经心，有时则因为科技水平不足以支撑他的观点，而大多数情况下，如果我们大胆猜测：也许比起"怎么做"，他更看重"是什么"。既然没有迹象表明这些构想会投入生产，何必进入更复杂的阶段呢？我们已经看到，他的许多发明都与战争和飞行有关，事实上远不止这些。

在发明领域，比起『怎么做』，列奥纳多更注重『是什么』

纪念列奥纳多的雕塑，
位于佛罗伦萨乌菲齐
美术馆外

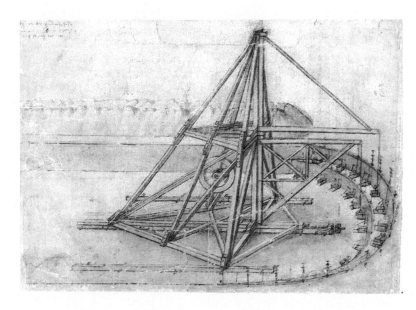

挖掘机的设计，1503 年前后，《阿伦德尔手稿》，大英博物馆（英国伦敦）

针锉雕刻机

　　这项发明也许最为激动人心，因为列奥纳多在笔记本里算了一笔账，深信能靠它致富。据他估算，100 台这样的机器每小时可雕刻 4 万只锉刀，带来 6 万达克特[①]的收入（在今天约合 500 多万欧元）。事实上，他的账目右边多了个零。如果这

---

① 译者注：达克特是旧时在大部分欧洲国家通用的金币，最早在威尼斯铸造。

依据下图制作的针锉雕刻机 3D 模型，源自达·芬奇科技博物馆（意大利米兰）。

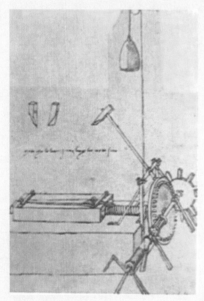

针锉雕刻机草图
《大西洋古抄本》62 页
安布罗西亚纳图书馆（意大利）

个想法深入下去，很可能会变革意大利的纺织业，然而他并没有这么做。一个美滋滋的"牛奶罐的故事"[1]丝毫不影响列奥纳多，比起腰包，他更在意抒发自己的奇思妙想。

使用这台机器时，凿子每凿一下都会带动齿轮前进一个齿，自动进到下一个齿再凿。

机器配备底座，供一辆小车在上方运行，小车与一个永动的飞轮衔接，它还通过齿轮转动装置、小齿轮与传动轴相接。在轴的一端，有一个四齿的齿轮结合一个支轴，后者连接锤子。传动轴还和一个大齿轮相连。

风速仪

受飞行研究的引导，列奥纳多自制了风速仪，测量风速。1450 年，莱昂·巴蒂斯塔·阿尔伯蒂描绘了史上第一个风速仪；再往前推十几个世纪，维特鲁威已经阐述了最早的风向标。列奥纳多研制风速仪的

---

① 译者注：牛奶罐的故事是个寓言，指白日做梦。

用意似乎在于提高试飞的安全性，在飞行前了解需要风速和风向。

他在风速仪的草图边写道："为了测量风每小时吹过的距离，这里需要一个显示天气的仪器。"整个装置由一个木制结构作为支架，上面放置了半张有刻度的弓。用铰链将一根细铜条的一端固定在弓上。整个结构的上方有个圆柱体，用于放置风向标或风向袋。起风时，将铜条对着风来的方向，铜条被风吹得朝着弓有刻度的一边抬起，风力越大，铜条就被抬得越高。

依据下图制作的**风速仪模型**

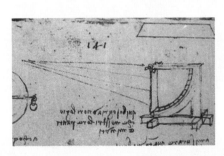

风速仪草图
《大西洋古抄本》675r 页
安布罗西亚纳图书馆（意大利米兰）

潜水服

这又是一项为战争服务的发明，动机可能出自列奥纳多本人（或许是他的雇主）。1500 年前后，列奥纳多在威尼斯工作。众所周知，要守护好这座美丽的城邦，掌握它的水路和陆路同等重要。

列奥纳多设计了一种在水下偷袭敌军船只的装备。这是一套皮质潜水服，面罩像口袋一样套在潜水员头上，鼻部配备两根管子，通向浮在水面的软木潜水钟。空气从下方的管子开口注入。面罩配有一个带阀门的气球，可供充气和放气，这样潜水员上浮或下潜会容易得多。他还细心地配备了一只小便袋，供潜水员不时之需。就像往常那样，我们不知道这套装备是否付诸实践，不过毫无疑问，依据他的笔记制作的成品一定会使潜水员溺水身亡。

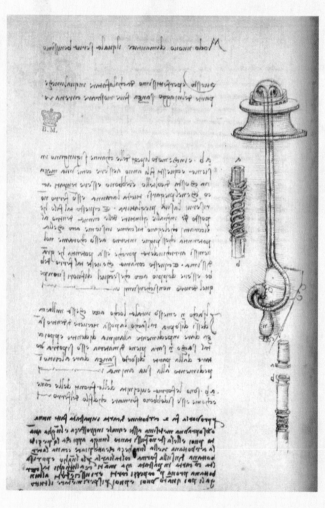

水下呼吸装置，1508 年前后
《阿伦德尔手稿》
大英博物馆（英国伦敦）

依据真实比例还原列奥纳多设计的潜水服，现存于卡尔斯克鲁纳海事博物馆（瑞典）

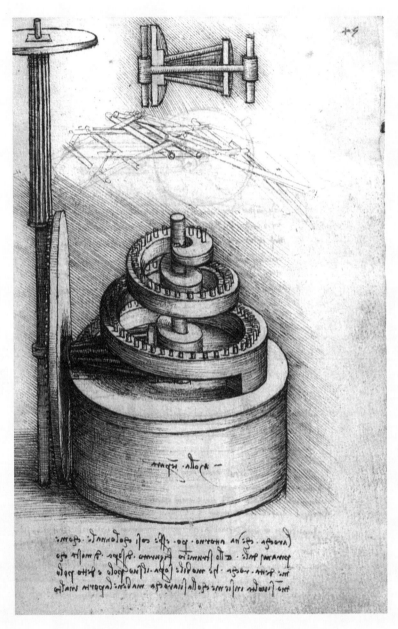

弹簧的螺旋传动装置，1498 年前后
铅笔和墨水，22 厘米×30 厘米，《马德里手稿 II》
国家图书馆（西班牙马德里）
此发明是一个弹力能量储存器。

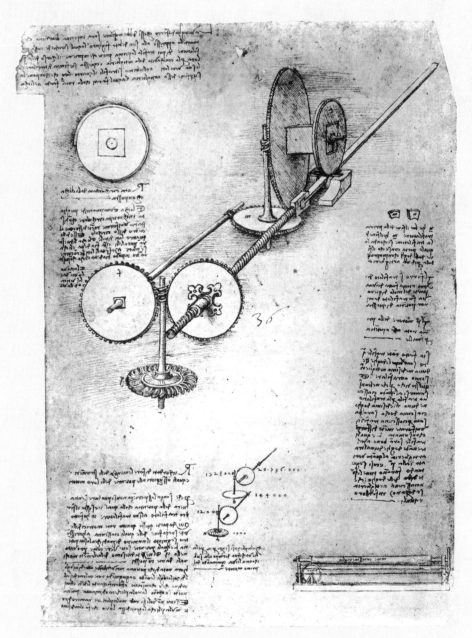

由一个水轮启动大炮金属板的装置
《大西洋古抄本》2r页
安布罗西亚纳图书馆（意大利米兰）

154

机器骑士

　　作为滑轮、天平和齿轮转动装置的专家，列奥纳多总能天马行空，构想出神奇的器械。他在米兰为斯福尔扎家族效力时有一个头衔是舞台设计师，专门负责制造惊喜。有什么比见所未见的机器更令人兴奋的呢！这件机器骑士装置的草图分布于多个手稿，其中主要出现在《大西洋古抄本》中。盔甲内部由齿轮及其转动装置构成，整个装置由一套绳索和滑轮组成的系统相连。通过这些结构，机器骑士能够自主行动，比如起立、坐下、

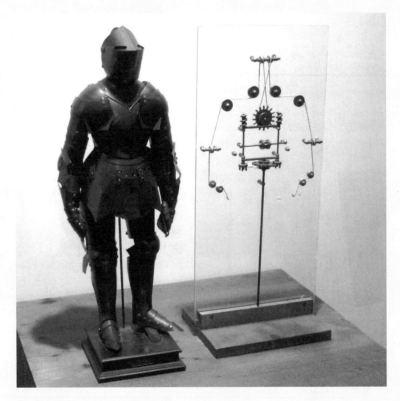

一个机器骑士的重建模型

摆头，或抬起头盔的防护眼罩。

有趣的是，2002年，发明者马克·罗塞姆依照列奥纳多的手稿制作了一个机器骑士，它能够做出上述所有动作。验证了这套机器的有效性之后，罗塞姆根据相同的原理为美国宇航局研发了许多机器人。

其他机器

我们还能举出几十种达·芬奇的发明。他构思的凹面镜打磨机，也许本应为光学产业立下大功。

行医的达·芬奇

达·芬奇外科机器医生，以达·芬奇命名的当代发明，以纪念他对机器人学的早期贡献

卡罗·佩德瑞提教授是研究列奥纳多作品的主要学者之一。1950年前后，他在不同手稿中发现上述的机器骑士草图。由于这一发现，列奥纳多被许多人称为"机器人技术之父"或"机器人学之鼻祖"。从那时起，一些运用最新科技的机器人开始以他的名字命名。

"达·芬奇外科机器医生"就是一个具有功能意义的典范，配备当今外科手术中最高级的系统。在一些小型摄像头的辅助下，外科医生通过遥控器指挥系统做出动作。"外科机器医生"带有轮子及三至四只手臂，可通过遥控器控制，手臂前端装着外科医生所需的手术工具。这一系统可以完成微小的切口，也接受远程控制。机器服务于人类，想必列奥纳多会喜欢这个主意。

1470 年前后，出版印刷行业在佛罗伦萨兴起，列奥纳多为了提高印刷自动化水平设计了金属刻板印机，旨在节约时间和劳动力（尽管他想不到古登堡的发明促进了他作品的出版）；他发明的计步器，能在不规整的道路上测算路程；他设计的巨型挖掘机，可挖掘出几吨重的泥土；还有，他对阿基米德螺旋线进行了研究，并将之发展。

事实上，列奥纳多能够发明应他人要求和满足自身好奇心的任何东西，这一切基于他对机械工程的精通，无论是螺钉、弹簧、杠杆还是砝码。知识的谙熟于心，加上想象力的绝伦无比，结果自然不言而喻。

列奥纳多没有发明……

给发明家及其发明对号入座，是对其最大的尊重。关于这一点，有些盲目崇拜、愚昧无知、故意造谣的人应当对张冠李戴的行为负责。比如有人说，从美索不达米亚时期的考古挖掘中发现列奥纳多发明了叉子，有人说他伪造了耶稣的裹尸布，还有人说他把抹大拉的玛利亚画进了《最后的晚餐》，等等。这些谬论如此异想天开，想象力简直堪比列奥纳多。

其中有一则谣言广为流传：达·芬奇发明了自行车。1974年，一名教师宣称他在研究《大西洋古抄本》时发现了自行车的草图。但证据表明，1961年在对该手稿进行研究时并未发现这张图。看上去手稿"遭遇"了一些修道士鲁莽的修复，可能是匆匆收的笔。经专家鉴定，那粗陋的笔迹与真迹大相径庭。的确，如果不是因为手稿应该密封保存，一次化学分析就能解决所有的疑惑。

列奥纳多的烤肉器

烤肉器这个有趣的发明，揭开了列奥纳多"不为人知"的一个兴趣——烹饪。这是个值得一提的故事，哪怕其中混杂了些传奇色彩。俗话说得好：不要让真相毁了一个好故事。

列奥纳多从小就受到继父——糕点师阿卡塔布里加·迪·皮耶罗·德尔·瓦查的影响，作为糕点师，他培养小列奥纳多偏爱甜食的味蕾。阿卡塔布里加反复教导小达·芬奇烹饪的艺术，把源源

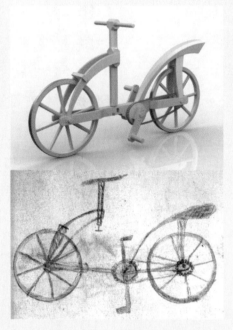

"冒充的达·芬奇自行车"的3D模型，根据下方草图制作
《大西洋古抄本》133v 页
安布罗西亚纳图书馆（意大利米兰）

以齿轮为基础的动力装置
《大西洋古抄本》8v 页
安布罗西亚纳图书馆（意大利米兰）

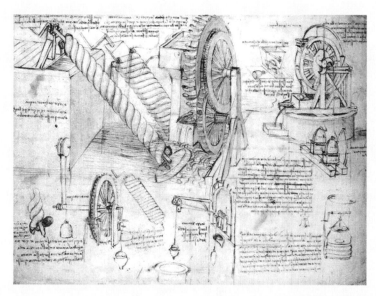

完美厨房的草图
《大西洋古抄本》7v 页
安布罗西亚纳图书馆（意大利米兰）

不断的美味糕点塞进他的胃。我们知道，年轻的列奥纳多 1473
年时在佛罗伦萨给韦罗基奥当学徒。但是，他似乎晚上会在一
间名叫"三只蜗牛"（Le Tre Lumache）的酒馆里打工，那里离
旧桥（当时还称不上"旧"）不远。就像今天的年轻人挣钱交学
费那样，列奥纳多那时也不例外。然而，在一个平凡的早晨，酒
馆的厨师纷纷食物中毒（是不是哪位不满的顾客干的？），结果
不得不把厨房交给列奥纳多。

可想而知，列奥纳多的掌厨方式无法不引起人们的注意。
那时的一道名菜——波伦塔（将小麦磨成粉，在太阳下晒干，
再与水混合而成的糊状物），被他以精细的切丁方式端上餐桌，
顶上以肉块点缀。列奥纳多难道是"新式料理"（la nouvelle

cuisine）的发明家？此举具有绝对的超前性，因为食客们大感不解：用得着做工如此细致，难道食材如此稀缺吗？餐盘看上去比任何时候都空。有人面露不悦之色，有人直接掀桌走人，还有人声称不再做"三只蜗牛"的回头客。我们的费兰·阿德里亚[①]和其他世界级大厨幸亏没出生在那个年代。

几个月后，酒馆遭遇了一场不明原因的火灾。列奥纳多和韦罗基奥作坊的同伴——日后杰出的艺术家桑德罗·波提切利决定将其重建，并改名为"桑德罗和列奥纳多的三只青蛙旗"，功能和先前的相似，不同的是这回由列奥纳多亲自打理。从雇员到雇主的转变，他彻底摆脱束缚，这多亏了天才充满创造力的头脑。

酒馆的外墙上是两位艺术家分别绘制的两幅壁画，菜单以

---

① 译者注：西班牙分子美食之父。

素食和极简主义风格为主。至于室内装潢的水准，不妨参考他们世界级的艺术造诣。结果如何？同之前一样。看来用面糊和土豆填饱肚子才是那时佛罗伦萨百姓的追求，节食这档事就留给 21 世纪的人吧。

几年后在为卢多维科·斯福尔扎效力时，列奥纳多有了再次施展厨艺的机会。我们知道，他用一封历数自身优点的信吸引了米兰公爵的注意，尤其是在战争设备的发明方面，但最终只得到了一个类似"庆典和宴会设计师"的头衔。有一次，他负责规划卢多维科侄女的婚宴菜单，这当属"光荣"的任务之一。他无法压抑天生对美味和极致的追求（我们今天称其为"优良的地中海饮食传统"），但当他设计的

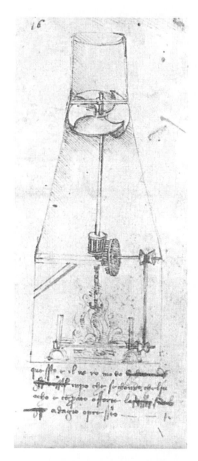

受螺旋推进器和热气流推动的机械烤肉器
《大西洋古抄本》5v 页
安布罗西亚纳图书馆（意大利米兰）

菜谱传到卢多维科的耳里后，他所定的菜肴立刻被牡蛎、通心粉和各式肉类代替。这则故事的寓意是：不要拿食物开玩笑。

至此，他对烹饪的热爱还没有结束，通过写写画画，道出了心目中的理想厨房：

"首先，火源和沸水的供应需要持久。其次，地面应时刻保持一尘不染，且配备清洁、研磨、切片和削皮的工具。厨房应远离恶臭，取而代之的是芳香，这需要一些智慧。还有音乐，因为人类在音乐的陪伴下更快乐，工作效率更高。最后，需要想个好主意清除饮水桶中的青蛙。"

为了实现这些想法，列奥纳多设计了一些机械设备，旨在改善厨房的卫生环境，简化事务的操作流程。似乎他有机会落实，却缺少资金。比如一个巨大的牛力采掘机，由几个人和几头牛共同操作，可能是他一生中最古怪的发明。之前提到的自动烤肉器想必更合时宜——在炉子里加一个螺旋推进器，在上升气流的推动下推进器开始旋转，推动铁钎在篝火上自行转动，依据火候控制转动的速度。

据说在列奥纳多的美食之旅中，还有一项发明，那就是餐巾。他把它写进了我们今天看到的《罗曼诺夫手稿》。——这一点纯属虚构，很遗憾这个好故事被弄砸了。

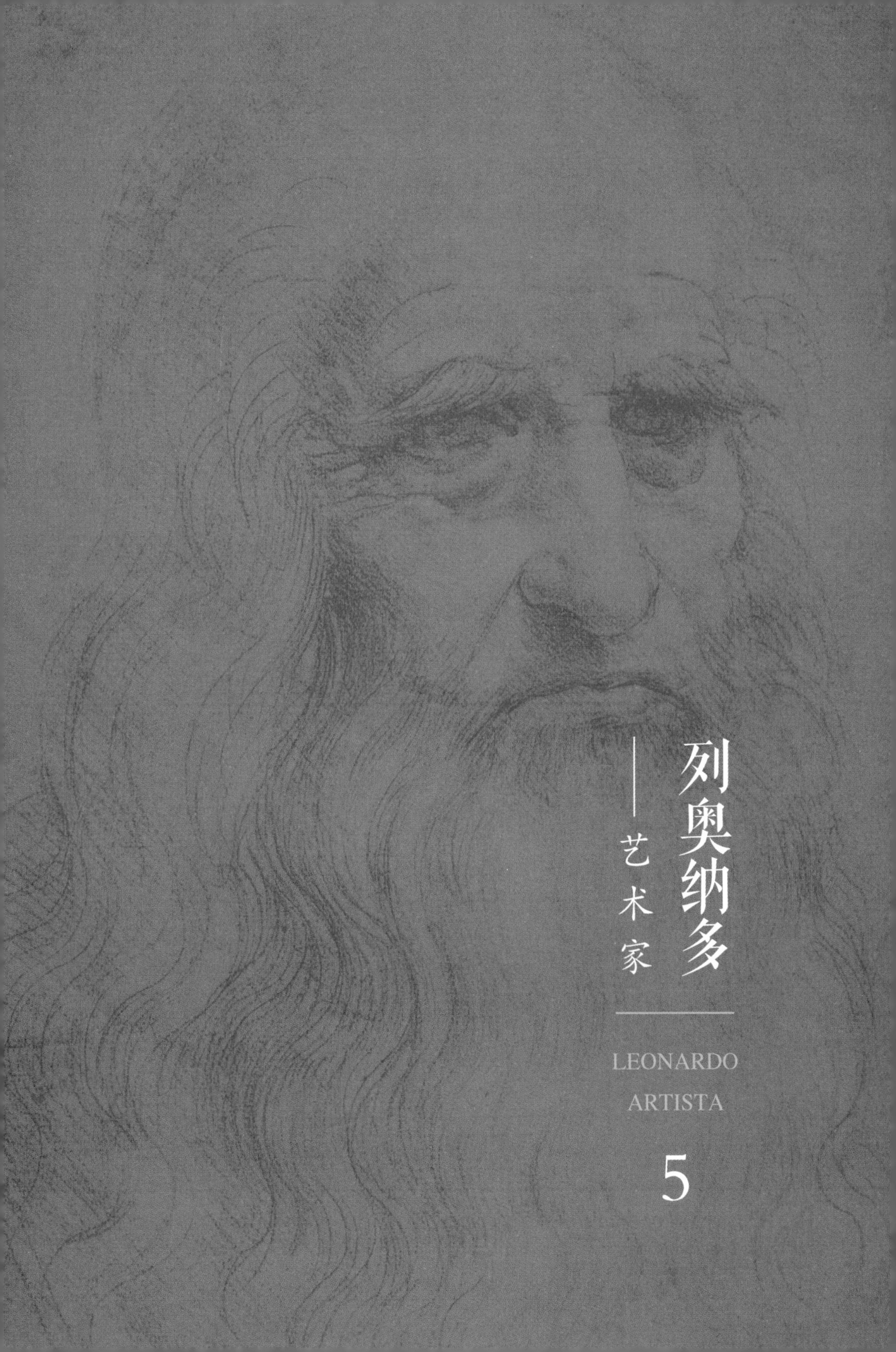

列奥纳多

艺术家

LEONARDO

ARTISTA

5

列奥纳多的马

右边雕塑主体的细节近景

如果说天才是骑在马背上穿越数千年却不失一丝光彩的人，列奥纳多定是其中一骑绝尘的那位。说到这里，不得不提到斯福尔扎家族委托他的一个有关马的项目。像往常那样，他的前瞻性项目难以完成，而 500 年后一段特别的历史上演了。

这一幕好似科幻电影里的情节：时空打开一条缺口，将 1999 年 9 月 10 日的米兰和 15 世纪末的米兰相连。假如列奥纳多的诸多发明中有一个时光机（似乎不是他的兴趣所在），他将会看到一个自己望眼欲穿的梦想变成了现实。为了更好地理解这一点，我们将乘坐一台特别的机器，载着想象力的燃料，回到列奥纳多生活的时代。

依据列奥纳多为斯福尔扎家族的设计完成的
骏马雕塑，位于米兰圣西罗跑马场

列奥纳多的"吴千

1999年"落了的蹄"

di Leonard

为斯福尔扎家族设计纪念碑的草图，1486 年前后
羽毛笔蓝色纸本画，15.2 厘米×18.8 厘米
《温莎手稿》（英国伦敦）

列奥纳多在米兰

1482 年，风华正茂的列奥纳多·达·芬奇离开佛罗伦萨的美第奇家族，动身前往米兰，个中缘由并不清楚，据推测至少有三个：他可能是被洛伦佐·德·美第奇当作礼物献给了米兰，因为美第奇家族需要与米兰保持友好关系；或许他厌倦了他的赞助人；也有可能是 1476 年被指控的鸡奸罪使他被迫逃离。无论如何，1481 年他在写给卢多维科·斯福尔扎的自荐信中表明愿意为其效劳，列举了科学、技术和艺术的种种优势，将绘画摆在了最后。"摩尔人"（因为外貌得此绰号）卢多维科欣然接受了他。

卢多维科的宫廷在那时的欧洲颇受瞩目。这位著名的领袖吸引了各地学者、数学家、医生、艺术家和哲学家纷至沓来。在米兰有数学家卢卡·帕乔利，列奥纳多和他成了挚友并向他学习"神圣比例"。卢多维科在列奥纳多身上看到了他由来已久的愿望：用一座宏伟的纪念碑缅怀自己的父亲弗朗切斯科，他 1452 年成为公爵直到 1466 年辞世。卢多维科委托列奥纳多制作一座骑士雕塑，后者的回答不出所料：在技术创新上一鸣惊人。

关于一匹马的习作，1490 年前后
羽毛笔蓝灰色纸本画，21.4 厘米×16 厘米
《温莎手稿》（英国伦敦）

    列奥纳多需要创作一个真实比例模型，为此他接收了酬劳。他一开始想让马匹依靠两只后蹄支撑，前蹄踏在一名敌军士兵的身上，反映领袖在战场中的飒爽英姿。但从物理学的角度难以实现，因为仅靠后蹄无法承重。这是古代浮雕中常见的姿态，而立体的铸铜雕像要复杂得多。而且根据雕像摆放的位置，马匹的尺寸需要增加 3 倍，达到长宽各 8 米左右。列奥纳多反复斟酌，决定采用相对传统的设计——以两只马蹄为支撑的小跑姿势。然而，这些变动似乎也动摇了卢多维科对他的信任。1489 年，佛罗伦萨驻米兰大使给洛伦佐·德·美第奇寄了一封信，表达了困惑：

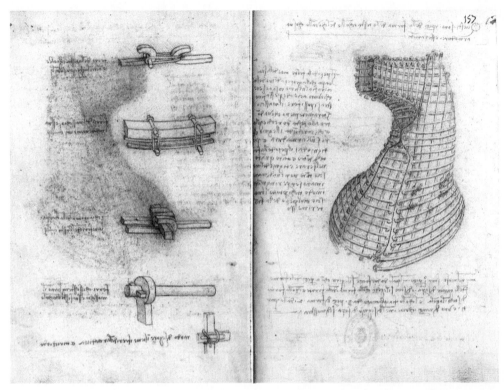

马匹头部的功能系统

红色粉笔，22厘米×30厘米，《马德里手稿II》

西班牙国家图书馆（西班牙马德里）

"卢多维科公爵想为他的父亲竖立一座纪念碑，并委托列奥纳多为一匹大型铜马制作模型，弗朗切斯科公爵将身披盔甲骑在马上。由于公爵想让它达到无与伦比的惊人效果，因此他请我给您写信，询问是否能派来一两位擅长这类工作的佛罗伦萨艺术家。列奥纳多虽然接受了委托，但公爵并不认为他能够完成任务。"

历史学家乔尔乔·瓦萨里也在他的《著名画家、雕塑家和建筑师传》（1550年）中指出："列奥纳多的构想如此宏伟，以至于无法落实。人们普遍认为，他开启一个项目不是为了完成它。"

无论如何，列奥纳多用黏土做研究，并于1493年公开展示了雕塑模型。瓦萨

为特里乌尔齐奥墓碑绘制的设计草图，1509 年前后

左图：铅笔、墨水和红色粉笔，22.5 厘米×17.6 厘米　　右图：羽毛笔和墨水，28 厘米×19.8 厘米

《温莎手稿》（英国伦敦）

里几年后写道："所有看到黏土模型的人都声称这是他们见过的最伟大的作品。"

细致的研究

　　列奥纳多知道马匹对于塑造人物形象的重要性，因此他在公爵的马厩里深入研究动物解剖学的所有细节，以一些俊美的马作为模特，绘制草图。这些画呈现了每匹马最漂亮的部分，如果跳跃到现代，就好像把它们拼凑成"弗兰肯斯坦"，构造出一匹最完美的马，以全方位衬托被崇敬的人物。在他的笔记中可以看到"莫莱尔·菲奥伦蒂诺块头很大，颈部优雅，长得很标致"，或是"罗佐内是一匹白马，肌肉健硕，它来自加里波第门"。他还注意到马的肌肉在运动中的松弛和紧绷状况，赋予雕塑表现力。无论是塑造人体还是动物，列奥纳多都痴迷于彰显其表现力。

他在一页页笔记中绘制解剖学草图，研究马的肌肉组织和身体比例，在外形设计及材料估算方面耗费了大量时间，他认为需要 70 吨到 100 吨熔化的青铜。我们知道，列奥纳多完成了雕塑的黏土模型，在此基础上，只需在表面涂一层厚厚的蜡，制成模具，再把熔化的金属倒入其中。然而这一切并未发生。

事实表明，一方面列奥纳多是"拖延症"专家，另一方面，15 世纪末地缘政治凌驾于文化之上，这就好比严父对幼子的管教那般。查理八世手下的法军进攻意大利，原本用于铸造雕塑的 70 吨青铜被转交给费拉拉公爵埃尔克莱·德·埃斯特[1]，用来制造大炮，而这个项目俨然成了溶在水里的黏土。由于卢多维科的资金问题，这些青铜再也没被归还。我们只能从列奥纳多写给公爵的一封信中看出他的态度："关于那匹马我没什么可说，我知道时机不利。"

1499 年，路易十二（查理八世的继任者）的法国军队最终在吉安·吉亚科莫·特里乌尔齐奥的率领下占领了米兰，公然与斯福尔扎家族为敌。雕像的黏土模型留在斯福尔扎城堡，被侵略者

---

① 译者注：费拉拉公爵在教皇辖地费拉拉执政，是卢多维科的岳父。

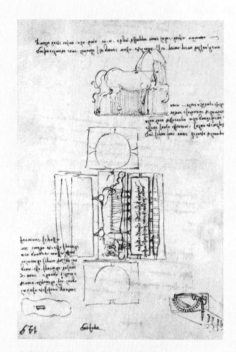

为弗朗切斯科·斯福尔扎纪念碑绘制的马匹
15厘米×12厘米，《马德里手稿Ⅱ》149r页
西班牙国家图书馆(西班牙马德里)

当成天然的靶子，昔日的武器广场变成了射击训练营。他们对骑士模型视若无睹，最终将其完全毁坏，那是1499年9月10日："永别了，马儿，永别了……"（Ciao, cavallo, ciao…）

历史拾趣

有趣的是，列奥纳多在笔记中屡次描述了作品完工的模样，以下是其中一部分：

"首先，雕塑需要特定的光线，从上方照射下来，好比一幅画总带有自己的光线那样。由此可见，雕塑的重要性在于光影，雕塑家从大自然的立体感中获取帮助，画家则反映大自然的瞬间，表达自然界必定产生的效果。"

"给模具做三个加固。如果想快速制作简易的模具，找个盒子装上河沙，并用醋沾湿。马匹的模具一做好，就用黏土来加厚金属。"

"这些是马的头部及颈部的模具，它们同支架及锁链在一起……"

"口鼻部将有一个部件，与两个对应脸颊上部的部件固定。下方是固定前额及喉咙下部的模具。颈部将由三个部件组成：两个分布在两边，一个在前面，如上方所示。"

查尔斯·C.丹特和他的马匹黏土模型，1980 年前后

　　值得一提的是，几年后历史重演，列奥纳多为毁掉这件雕塑的"凶手"规划了一个项目，依旧与马有关。1506 年，他返回米兰，接受了特里乌尔齐奥的委托，制作他的墓碑，顶上以一尊青铜骑士像为装饰。他在之前的基础上继续研究，构思了两种方案——飞奔的马和小跑的马。然而，似乎真的存在"马匹的诅咒"，这一项目最终也未实现。

随着 20 世纪的到来……

　　现在我们从文艺复兴中抽身，飞越至 20 世纪。1917 年，查尔斯·C.丹特出生，他日后是一名商业飞行员和艺术爱好者。1964 年，西班牙马德里国家图书馆发现了列奥纳多的一些手稿，它们失踪了两个多世纪后才得以重见天日。1960 年到 1970 年间，丹特是美国联合航空一名出色的飞行员，他充满热情，相信艺术和人类的价值。他最突出的成就当数首创了"联合国，我们相信"（UN We Believe）

组织，是联合国商务委员会的一部分。它至今仍在运作，成为维系联合国和各大企业的纽带，在和平与共存的宗旨下提供贸易机会，促进经济、文化、卫生和科技的发展。作为飞行员的丹特，退休后把更多精力放在他的爱好——学习艺术和制作雕塑上。

1978年，当他翻看一本《国家地理》杂志时，读到关于在马德里重新发现达·芬奇笔记的内容，其中介绍了列奥纳多的马。

丹特仰慕这位托斯卡纳人已久，即刻决定要将这匹马的雕塑竖立起来，以示对列奥纳多和文艺复兴的感激。丹特有着慈善家的胸怀，认为雕塑成品应赠予意大利人民，作为国家之间友好的象征。于是他与众多雕塑家和研究文艺复兴的专家会面，讨论计划的可能性。得到肯定答复后，他着手制作了几个

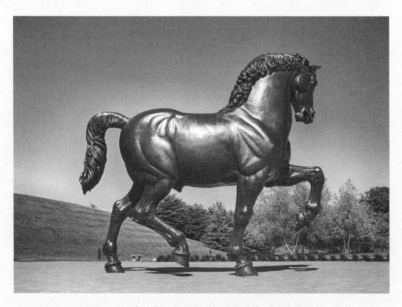

列奥纳多的马，依据原始尺寸制作，美国密歇根州大溪城

黏土模型。为了实现这一宏伟项目、与众人
共勉，他还建立了一个非营利组织：列奥纳
多·达·芬奇的马（LDVHI）。

这一项目延续了很久。1994 年，丹特
因肌萎缩性脊髓侧索硬化症与世长辞。他的
离去影响了项目的进程，因为缺乏资金。
直到美国企业家弗雷德里克·梅杰接手了
LDVHI，但他有一个条件：制作两件雕塑，
一件赠予意大利，另一件留在美国。最终，
雕塑模型的制作交给了美国雕塑家尼娜·阿
卡姆，她曾在佛罗伦萨留学而且非常喜爱马。

雕塑家尼娜·阿卡姆对真实尺寸的马头做细节修饰

六十多名手工艺人加入了这个项目，依据列
奥纳多的黏土模型，历时近三年，他们完成了真实比例的模型，
并对铜的部分区域做了适当修改。整个项目耗费两百多万欧元。
1999 年，雕塑的七个部分被运往米兰。经过几番讨论，人们决
定将它放置于近郊的圣西罗跑马场。同年 9 月 10 日，也是特里
乌尔齐奥的军队占领米兰、列奥纳多巨型黏土作品"牺牲"的
五百年后，一件青铜马雕塑竖立起来。

这件作品一模一样的副本位于美国密歇根州大溪城的弗雷
德里克·梅杰花园与雕塑公园。同时，在意大利的芬奇镇，美
国的阿伦敦和谢里敦等地还有几件等比例缩小的副本。

文艺复兴的音乐家

列奥纳多热爱音乐。他不仅是忠实的听众，还投身于声音和乐器的探索。他完善了许多乐器，还创作了一些新颖的旋律。遗憾的是，他的大部分音乐作品没有流传下来。

"人类在音乐的陪伴下工作得更好，也更快乐。"

列奥纳多对他所说的这句话坚信不疑。也许大多数人不知道，他一生中创造了"一整个交响乐团"的乐器。他对音乐的兴趣极有可能与生俱来，而且在安德烈·韦罗基奥那里当学徒的几年尤其熏陶了他的音乐情操。韦罗基奥曾拜多纳泰罗[①]为师，他声称有两大爱好——音乐和马匹。在他的作坊里，除了学习各门技艺，还可学习制作和修缮乐器。此外，我们知道列奥纳多与佛罗伦萨的

右页：壁画《奏乐天使》
作者：梅洛佐·达·福尔利，1480 年前后
梵蒂冈美术馆（梵蒂冈）

---

① 译者注：多纳泰罗（1386—1466），意大利文艺复兴第一代杰出的美术家和雕塑家。

列奥纳多喜欢
边听音乐边工作欢

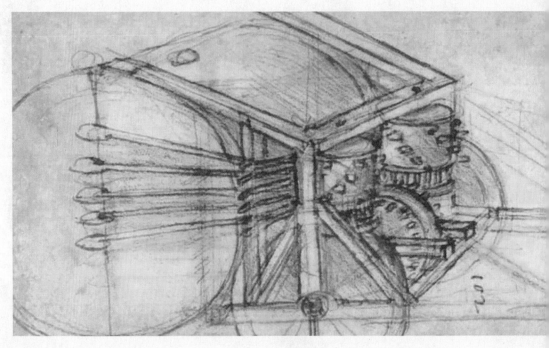

机械鼓
《大西洋古抄本》837r 页
安布罗西亚纳图书馆（意大利米兰）

音乐家交往密切。

　　15 世纪及之后的一段时间，"三学四术"构成了自由艺术。三学即语法、修辞和逻辑，四术指算术、几何、天文和音乐。因此，但凡有一定经济实力的人都懂点儿音乐。对毕达哥拉斯来说，音乐就是数学的延伸。

　　在列奥纳多现存的草图里，我们只能零零星星地看到一些他设计的乐器。然而，在《解剖学笔记》（第 10r 页）中提到大炮的长宽尺寸及在噪音方面产生的影响时，他写道：

"对于此话题我不再展开，因为我的和声乐器笔记中已充分涉及。"

这本乐器笔记遗失了，但我们应该相信，它有朝一日会出现在某座古老图书馆的某个被遗忘的角落。到时候，我们一定会为能领略他惊人的音乐创作而欣喜不已。

机械鼓

这一稀奇乐器的草图收藏于《大西洋古抄

机械鼓，81 厘米 ×83 厘米 ×205 厘米，木头、皮革和金属。2009 年，阿斯图尼亚斯研究者卡洛斯·坎赛多重塑了列奥纳多的机械鼓，它能够自行前进并演奏。目前展示于位于西班牙阿斯图尼亚斯的埃瓦利斯托·瓦莱博物馆（Museo Evaristo Valle）

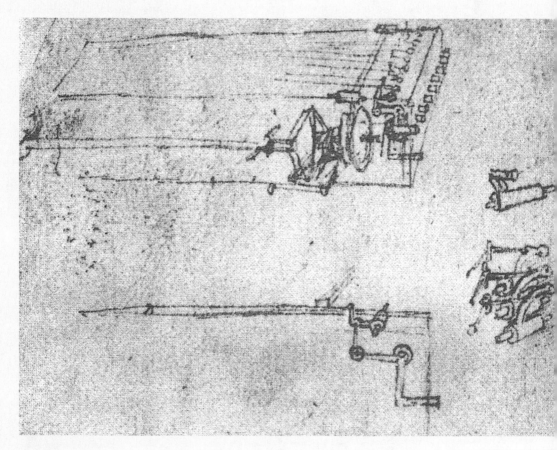

中提琴式风琴草图

《手稿 H》45v 页

法兰西学院（法国巴黎）

本》。打击乐器是史上最古老的乐器，据推测最早制成的乐器
是鼓。

　　一方面，我们知道列奥纳多是制造器械的专家；另一方面，
尤其在 1482 年左右来到斯福尔扎的宫廷后，他得以施展才华。
作为舞台设计师和庆典规划师的两条道路交会催生出他的机械
鼓，其可能是都市游行时的一个自动装置，也有可能是为了满足军事活动的需要。

首先，当有人启动车轮并带动其他与之相连的部分时，车身开始运作；接下来，通过一个中央齿轮和两个滚柱轴承（像八音盒那样"刻"旋律的地方），鼓槌被启动，从而敲打鼓面。这一机械的新颖之处在于可任意在轴承上镶嵌木条和木钉，以变换敲击的时长和节奏。

中提琴式风琴

这似乎是列奥纳多最钟爱的乐器，至少他对此下了最多笔墨，有 30 多幅相关的草图分布于不同的手稿中（《马德里手稿》《大西洋古抄本》和《法兰西学院手稿》）。综合上述资料可见，这是一种由弓弦乐器和键盘乐器共同组成的乐器，通过马鬃覆盖的轮状机械带动琴键同时震动多根琴弦。

转轮可持续转动，每只轮子与一把弓相连

弗雷·雷蒙多·特鲁查多制作的中提琴式风琴，现存于布鲁塞尔乐器博物馆（比利时）

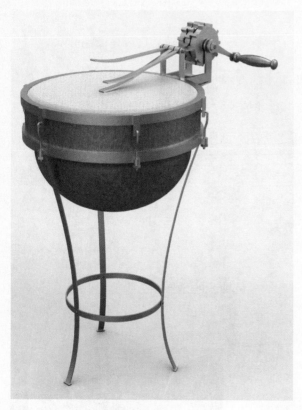

依据达·芬奇设计的机械鼓草图制作的 3D 模型

并与乐器的琴弦呈直角。按动琴键时，琴弦被压到弓上，发出对应的音调，声音介于大提琴、钢琴和管风琴之间。在这种琴键和琴弦呈扇状排列的乐器上，列奥纳多设想了一种用弓摩擦琴弦的技法，使得演奏者可随心所欲地延长音符。总之，它结合了琴键的指法和弦乐的声音。

列奥纳多在 5 个世纪前设计了这种乐器，但似乎从未制作成品。当然，后人对此作出了尝试。第一次是诞生于 1575 年的

斯洛沃梅尔·扎布奇克制作的中提琴式风琴

盖根威尔克琴（Geigenwerk），由德国人汉斯·海顿发明；之后，德国作曲家、管风琴家米歇尔·普雷托利亚斯（1571—1621）绘制出类似的乐器，1625年，马德里人弗雷·雷蒙多·特鲁查多很有可能是据此制作了一架中提琴式风琴；到了21世纪，日本音乐家小渕晶男重建了中提琴式风琴。然而，最吸引我们的还是波兰钢琴家和乐器制造商斯洛沃梅尔·扎布奇克制作的乐器。

扎布奇克不明白，这种既能重现古典乐又能演绎现代乐且回音如此神秘的乐器为何无法在音乐圈有一席之地。于是他身体力行，耗费了 3 年精力和 8000 多欧元的制作费。就像三角钢琴那样，琴盖内 61 根钢丝琴弦与琴键相连，黑键发出升降音符的声音。

脚下的踏板如缝纫机踏板一般，与转弓相连，带动其旋转。踩得越快，音量越大。如今扎布奇克带着达·芬奇原创的中提琴式风琴走遍欧洲，举办面向公众的独奏音乐会。

十足的音乐家

列奥纳多确信声音通过空气传播，他在研究军事装备发射物的轨迹以及通过光学研究回声和声音反射的时候推测出这一点。他通过不同的建筑环境和介质探索自然界的声音，比如水。他沉浸在声音的方方面面中，包括它的来源和音调、在时空中的消散及听觉对它的感知。

列奥纳多完善了 30 多种民间乐器的功能，赋予其自动化和加速演奏的特效，简化了演奏技法，创造了闻所未闻的悦耳效果。他用大大小小的罐子研究音高；他通过增加一系列键改良笛子的声音，或用一些孔制造滑音效果；他还设计了侧面带孔的鼓，这样敲击出来的声音会有所不同；他构思过一种纸质风琴，这样鼓风时就不用费劲；他还为定音鼓发明了能发出连续鼓声的机械系统，以及可以辨识声音细微差别的钟；等等。

说到音乐创作，正如其他领域，列奥纳多也是多产的。当人们发现他的乐器笔记本之时，就是音乐获得新生之时。

音乐中的诗句：关于列奥纳多和他的笔记

在音乐的世界里，列奥纳多拥有惊人的成就：他擅长制作乐器，还是歌唱家，会伴着中提琴和里拉琴即兴创作诗句，类似于现代的即兴说唱。

乔尔乔·瓦萨里在列奥纳多的传记中写道：

"1494 年，列奥纳多被隆重邀请去为公爵演奏，因为公爵喜爱里拉琴的声音。他带去了自己制作的里拉琴：外壳是银质

乐谱
铅笔和墨水，6 厘米×10.3 厘米
《温莎手稿》（英国伦敦）

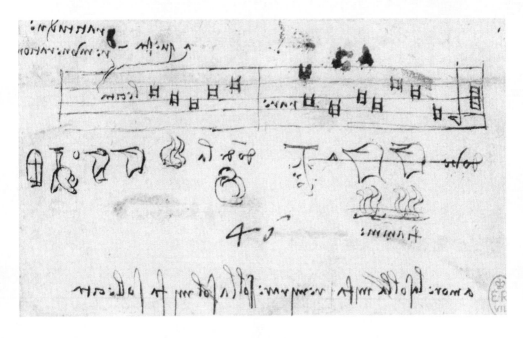

的，大致轮廓像只马头，十分新奇……声音更是悦耳，他借此超越了在场的所有演奏者。此外，他诙谐风趣，是当时最好的即兴诗人。"

列奥纳多在《绘画论》中写道：

"音乐理应被称作绘画的妹妹，因为它从属于听觉，而听觉的地位次于视觉。音乐的和声由合乎比例的各部分构成，它们同时响起，注定在间歇中灰飞烟灭。音乐的段落包含各部分的协调，和声的组成好比圆周的形成，或各个肢体共同构成优美的人体那样。绘画超越了音乐，因为作品一旦完成便经久不衰，它的精髓得以保留，而不像音乐那样昙花一现。在绘画中，即使平面也能生动地呈现世间百态。"

之后，他又写道：

"难道你不知道，我们的心灵由和谐而生，而和谐不正是从我们所见所闻的事物中获取的吗？……和声的迷人之处蕴藏在和谐的音乐段落中……假如你对我说，音乐遵循和谐的比例，那么我告诉你，它在这方面效仿了绘画，并以其为楷模。"

我们知道列奥纳多喜爱在精致美好、舒适愉悦的环境下作画，那么音乐是他的首选。他同样在《绘画论》中描述道：

"画家的处境不同（我们谈论的是一流的画家和雕塑家），他安逸地坐在作品前，衣着华丽，轻轻挥动着蘸了漂亮颜料的画笔。他的画室整洁，挂满了精美的画作，身边常常围绕着音乐家的伴奏或各式佳作的朗诵，听着心情舒畅，没有落锤声和其他噪声的烦扰。"

宫廷的舞台设计师

我们不妨大胆猜想，列奥纳多是所有最佳庆典的灵魂人物。他知道如何运用技能和想象力推销自己，设计机械设备、乐器、舞台布景甚至是服装，令大型的奢华宴会振奋人心。雇主们都知道，他将带给大众精彩纷呈的节目。

《列奥纳多·达·芬奇在"摩尔人"卢多维科的宫廷》

作者：埃莉诺·弗特丘·布里克戴尔
1920年，59厘米×122厘米
利装夫人画廊（英国利物浦）

我们在达·芬奇的一生中屡次看到他的精湛技艺，然而他生前不得不以略显平庸的方式养活自己。本章将展示一个在相对世俗的领域同样登峰造极的列奥纳多。

就像先前介绍的那样，他在给卢多维科·斯福尔扎的信中强调了自己军事工程方面的技能。然而长远来看，由于他的艺术感和创造力，舞台设计师和庆典规划师成了他的头衔。其他赞助人也不忘利用这一优势，

智慧融入舞台艺术

刻奥纳多善于将

位于米兰的斯福尔扎城堡，列奥纳多在这里制作并上演了大量的舞台剧。

因为他们知道给观众惊喜的最好方式就是雇用列奥纳多·达·芬奇。

斯福尔扎宫廷的舞台设计师

1480 年左右的卢多维科·斯福尔扎及整个米兰宫廷渴望为大众奉上一流的节目，包罗万象：节日庆典、骑士比武、戏剧演出、阅兵仪式、假面舞会等。游吟诗人、舞蹈家和滑稽演员成了这里的常客。列奥纳多作为一切活动的统筹人，负责制作这些转瞬即逝的庆典设备和舞台布景。

1488 年，列奥纳多负责规划卢多维科的侄子与那不勒斯公主的婚礼盛宴。为此他在斯福尔扎城堡内建造了一座令人难以忘怀的"鲜绿门廊"，交织着各类植物（我们回忆一下他对植物学的痴迷）。1490 年，他建造了"天堂"这一著名的舞台设备，它是半球状造型，里面还镀了金，展现了苍穹和当时所知的七大天体（月球、水星、金星、太阳、火星、木星和土星，它们依据克罗狄斯·托勒密的"地心说"绕地球

为一匹神兽设计的服装，1517—1518 年前后
铅笔、墨水和黑色粉笔，18.8 厘米×27.1 厘米
《温莎手稿》（英国伦敦）

转），周围还环绕着黄道十二宫的标志。天体由演员们分别饰演，他们一边转圈，一边向公爵夫人伊莎贝拉①吟唱颂歌。这个充满寓意的景象被宫廷诗人伯纳多·贝林乔尼写进了剧本。在《大西洋古抄本》的一页中，列奥纳多记下了他创作的一个场景：

"当冥王的天堂被打开时，12 口大锅中有魔鬼在欢呼，那里有死亡、愤恨，还有地狱犬和许多赤身裸体号啕大哭的孩子，舞动着五颜六色的火焰……"

1491 年，列奥纳多准备了另一个节目：为"摩尔人"卢多

---

① 译者注：卢多维科的侄子吉安·加来亚佐·斯福尔扎当时是名义上的米兰公爵，因此他的妻子伊莎贝拉是公爵夫人。

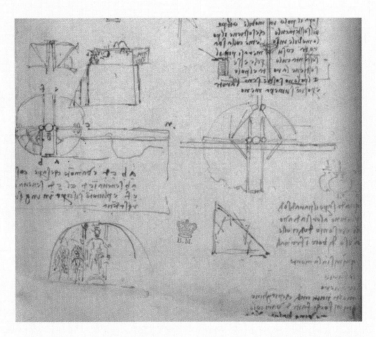

为"天堂盛宴"节目绘制的草图,《阿伦德尔手稿》,大英博物馆(英国伦敦)

维科和贝雅特丽齐·德·埃斯特的婚礼献上一场战马舞。
他设想有一群穿成野人模样的斯基泰人和鞑靼人;还有一
名领头的骑士,骑在高大的骏马上,披着金色鳞片的长袍,
颜色像孔雀羽毛上的眼睛。作为一流的文艺复兴人,列奥
纳多善于融会贯通,例如在音效方面,他研究了声音的物
理特性和传播途径,为此绘制了各区域音量的草图。

　　列奥纳多还特意为豪华宴会设计了机械,比如"列奥
纳多的汽车",试图赋予它一些现实中不存在的特质,就
像以汽车行业为出发点构思出来的那样,功能与当今的汽
车相差无几:它是一辆能取悦观众的自动两轮车,可自行

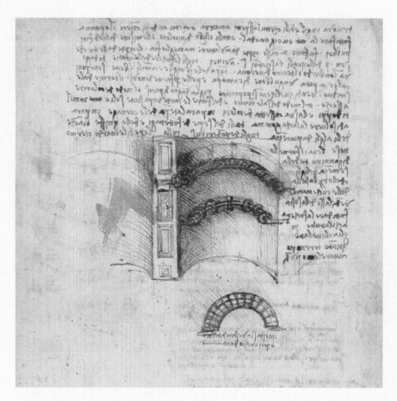

舞台布景，《大西洋古抄本》669r 页
安布罗西亚纳图书馆（意大利米兰）

移动、转弯和刹车，还能承载演员和道具。

法国时期的宴会活动

　　1516 年的列奥纳多虽年事已高，可思维依旧活跃。他被法国国王弗朗西斯一世安顿在昂布瓦斯的克洛·吕斯城堡。年轻的国王仰慕这位天才，无条件地优待他，给予其许多特权。他

依据右边草图重现的 3D 模型

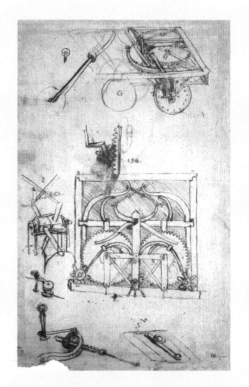

自动两轮车，《大西洋古抄本》812r 页
安布罗西亚纳图书馆（意大利米兰）

很快得到了法国人的丰厚酬金，为国王设计了阿让唐的庆典节目。他制作了一个机械狮，当来到国王面前时，机械狮就用爪子扒开胸膛，抛出一地的百合花。1518 年他为王位继承人设计了一些节目，此外还筹划了洛伦佐·德·美第奇和弗朗西斯一世侄女的婚礼庆典。

在这些活动中，列奥纳多还负责剧装设计，常常为想象中的动物（比如龙）设计服装和妆容。

空气透视

《圣母子与圣安妮》作品细节

我们知道列奥纳多不以画家自称，至少在他的"名片"上不会印这个身份。他是个好奇心旺盛的经验主义者，将推论的结果加以试验并运用到各个领域。在构思一幅画时，他发现空气是一种可被感知和表现的事物。

我们屡次看到列奥纳多的先知先觉，他发明的"空气透视"也不例外：在某种程度上，要意识到空气存在于风景和观者之间，因此要赋予画面深度感，试图在平面呈现第三个维度和一种虚幻的深度。而线性透视不同，它依据观者的视角逐渐缩减物体的大小，多条线在远处的地平线会聚于一点。

列奥纳多寻求描绘光线强度变化的方式，试图根据距离的远近、空气的厚薄和光源的位置来确定色调。尤其是在他研究物理学和光学时，这些问题引起了他的兴趣。他经研究发现，近地面的空气比高处的空气密

右页：《圣母子与圣安妮》，1510 年前后
木板油画，168 厘米×130 厘米
卢浮宫（法国巴黎）

194

度大，这意味着较高处的风景，例如山顶会呈现出更明快的风貌。

他意识到空气不是一种完全透明的介质，事实上，从观者的角度看，随着距离的增加，风景的轮廓越来越柔和，色调趋于一种蓝。因此，越远的物体，他在外形和颜色上处理得越模糊，而越近的物体呈现得越清晰。他在《绘画论》中提道：

"因此当你们画家在描绘山峰时，每座山的山脚要比山顶颜色浅，当你画的山越远，山脚颜色越浅，而越往高处，则越

《草地上的圣母》
作者：拉斐尔·桑西，1505—1506 年
蛋彩和油彩混合木板画，113 厘米×88 厘米
维也纳艺术史博物馆（奥地利）

列奥纳多《天使报喜》细节

我们从自然风景中观察到：远处的山愈发呈淡蓝色，轮廓隐隐约约；而近处的山棱角分明，色彩饱和度高。

要显露出山真正的形状和颜色。"

《圣母子与圣安妮》就是一个例子。画面背景呈蓝色，从山脚往山顶颜色越来越明亮且越来越模糊，越远的山轮廓越不清晰。列奥纳多的《蒙娜丽莎》《天使报喜》和《岩间圣母》等画作中也采用了同样的技法。

他还在《绘画论》的一个章节中论述了空气透视，将其与色彩透视区分开来。

"还有一门透视学问，我们称之为空气透视，能根据空气的差异辨别出竖立于同一基线上的各个建筑物哪些较远，哪些较近。例如，当我们望见墙头上的几栋建筑凸出的部分，它们大小相同，但你想在画中表现出它们的距离，就得学会表现空气的厚度。当你眺望最远的物体比如远处的山时，由于它和你眼睛之间隔着许多空气，看上去就是蓝色的，这和日出东方时大气的颜色相近。因此，最近的建筑你应当画出其本身的颜色，较远的那个应轮廓模糊些，颜色偏蓝些，再远的应画得更蓝，远5倍距离对应的蓝度就是5倍。以这种方式，你就可以使观者一目了然，在同一水平线上的建筑看似大小相仿，但实际上能够辨别出哪些更远，哪些更大。"

继往开来

列奥纳多最先描绘了"空气透视"，并在科学的基础上赋予其学术价值。然而，这种技法本身在早先的作品中已经出现。借由颜色以客观的、拟态的方式表现空间，这在东西方世界自古有之。

比如，它在古希腊时期的画作中就很常见。此外，从亚里士多德（公元前384—前322年）的《感觉与所感觉到的》，到欧几里得（约公元前325—前265年）的《光学》和托勒密（100—170年）的《光学》，都有对空气与光线营造的效果和大气透视的早期运用。

在列奥纳多之前，皮耶罗·德拉·弗朗切斯卡的《乌尔比诺公爵夫妇双联画》对空气透视就有所体现，雾气淡化了远山，是弗拉芒画派的惯用手法。与列奥纳多同时代的拉斐尔·桑西，年轻时很有可能研究过列奥纳多的作品，《草地上的圣母》创

《乌尔比诺公爵夫妇双联画》

作者：皮耶罗·德拉·弗朗切斯卡，1465—1472 年

蛋彩木板画，47 厘米 ×33 厘米

乌菲齐画廊（意大利佛罗伦萨）

作于他们在佛罗伦萨相识期间，从中可见空气透视的影响。

　　时至今日，空气透视在绘画中依旧普遍，它对一些艺术流派产生了重要作用，例如印象派。在迭戈·委拉士开兹（1599—1660 年）举世闻名的《宫娥》中也有它的身影。

晕涂法

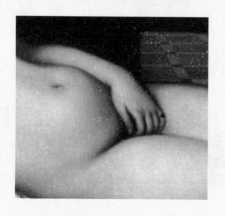

《乌尔比诺的维纳斯》细节
作者: 提香, 1538 年, 165 厘米×119 厘米
乌菲齐画廊(意大利佛罗伦萨)

右页图:《施洗者圣约翰》细节
1513 年前后, 木板油画, 69 厘米×57 厘米
卢浮宫(法国巴黎)

文艺复兴代表了一种"理性的"艺术, 试图从中世纪非理性的宗教崇拜中解脱出来。鲜明的线条和独立的个体是这一时期绘画的特征, 画面略显呆滞。列奥纳多想冲破传统的界限, 引入一种略带模糊的画法, 赋予画面写实性和自然感。

晕涂法(意大利语为"sfumato", 直译为"消失的、幻化成烟的")是一种绘画技法, 由列奥纳多首创, 画面上事物的轮廓、色调和形状变得模糊, 笔触消失。它展现着一种神秘和不确定性交织的柔和感, 常常带有性暗示, 人物的表情"出神"(就像列奥纳多本身那样), 双眼好像带着不屑注视着我们, 又似乎对我们的秘密了如指掌。

不自相矛盾的艺术才是最好的艺术。文艺复兴时期的艺术倾向于借鉴线性透视重现立体感, 线条在画面最远的高处会聚于一点。

还「晕涂法」也广泛

用在电影中

《圣母头像》，1510—1513 年前后

粉笔和炭笔，20.3 厘米×15.6 厘米

大都会艺术博物馆（美国纽约）

这幅达·芬奇手稿中的作品充分体现了如何摒弃明显的线条轮廓进行创作。

这种技法可达到一种深度，却不免有些僵化和做作。同时，个体的独立化意味着轮廓分明，或以黑色线条勾勒，或呈现明显撞色。对此，列奥纳多用空气透视法和晕涂法作出了回应。

缺乏理性的中世纪持续了几百年之久，文艺复兴试图以理性的基石铺陈出一条更加知性的艺术之路。鲜明的线条应运而生，占据了主要地位，其次才是色彩。画家先勾勒，再上色，对每一个细节精雕细琢，导致画面自然感的缺失。敢于创新的列奥纳多总是走在时代的前沿，开创全新的技法。

此后的一些绘画大师也追求自然的笔触，例如提香，采用直接使用色彩塑造形象的技法，在巴洛克时期发展到顶峰。干净利落的线条被小小的色块代替，远观画作时，观者能获得更真切的感受。这一新时期更关注现实，不惜以欺骗目光为代价，使一切看上去更真实。有时候艺术也可以神秘莫测，似是而非。

晕涂法的效果和运用

晕涂法的效果可用两个词来形容——"轻柔的"和"暗示的"。形象画得越模糊，看上去越接近现实，前提是这种模糊被循序渐进地应用在近景之外的物体上。这种渐进的晕涂法（越远的景物晕涂越明显）制造了强烈的真实感，即离画家越远的物体被表现得越模糊。这类晕涂与空气透视呈现的效果相似。

达·芬奇就这样给观者的想象力留出一隅之地。他不画清晰的轮廓，避免传递刻板的印象。柔和的色彩造就了层层

上图：布里吉特·海尔姆在《大都会》中饰演机器人玛丽娅（弗里茨·朗于1921年导演）

下图：英格丽·褒曼在《卡萨布兰卡》中饰演伊尔莎（迈克尔·柯蒂斯于1942年导演）。近景中采用的柔焦效果在经典电影中十分常见。

阴影，形象塑造于明暗之间，只有观者的想象力才能完成对画作的解读。

到了20世纪，人们开始运用扫描仪及其他现代科技研究这种技法，试图对一幅作品的创作过程进行透彻分析。结果显示，画家堆叠了层层颜料，前一层干透后再涂一层。有时最薄处只有1/30毫米。即便如此，也无法解密画作散发出的魅力。

从绘画到摄影和电影

16世纪初，列奥纳多云游四方，他发明的晕涂法影响了更多意大利年轻艺术家。我们先前提到，它在巴洛克时期的作用已十分显著，随着时间的推移和各种影响的渗透，印象主义诞生了。在此之前，德国浪漫主义画家卡斯帕·戴维·弗里德里希擅长描绘若隐若现的场景，同时代的英国画家威廉·透纳也毫不逊色。

同时，晕涂法受到摄影和电影（绘画的姐妹）的青睐，"朦胧感"是它们追求的表现手法。起先的碳素印相、釉溴印相和树胶重铬酸盐印相采用手工的方法制作这种效果，后来人们发现一种更简便的方式：在覆盖镜头的滤镜上涂抹一些凡士林。

20世纪20年代随着"明星制"的兴起，晕涂法在电影中普遍运用起来。为了呈现更完美的画面，摄影师除了使用凡士林，还会在镜头上罩一层薄薄的丝袜。弗里茨·朗、阿尔弗莱德·希区柯克、麦克斯·奥弗斯等导演在多部著名影片中都采用了这种称作"柔焦"（soft focus）的技法。

天赐的画家

毋庸置疑，列奥纳多的绘画才能无人能及，绘画是他最杰出的才能（尽管画家本人并不完全同意）。本书以"全才"的视角梳理他绘画之外的作品，即便如此，我们也应该赏析他为艺术史乃至整个人类留下的珍贵画作。

在那封寄给卢多维科·斯福尔扎的信的末尾，列奥纳多写道：

"我还会用大理石、青铜和石膏制作雕塑，另外在绘画方面，我相信无人可与我匹敌。"

这在"简历"末尾的"锦上添花"（当今人力资源学的一例典范）指出了一点：对了，他还会画画。列奥纳多清楚收信人是谁，怎样才能说动他（当然是战争方面的产业，还有当时可以改变世界的建筑业），至于绘画，似乎只是一技之长，添之无妨。然而，与其他领域相比，他最为举世不朽的馈赠就是绘画。

然而在很长一段时间内甚至到了今天，人

右页图：《救世主》，1500 年前后
胡桃木板油画，65 厘米×45 厘米
阿布扎比卢浮宫（阿联酋）
2017 年 11 月，这幅作品以 3.82 亿欧元的成交额成为史上最昂贵的艺术品。在 2011 年时仍被认为是列奥纳多的徒弟乔瓦尼·安东尼奥·博塔费奥所作，但在同年经历的一次修复后，大多数专家认为该画的作者应是列奥纳多·达·芬奇。

们仍在争论哪些画作是列奥纳多的。他的画作数量相对稀少，不免给人造成疑惑，今天能够欣赏到的有 20 来幅（这要看问的是哪位研究者）。不过列奥纳多并不是这方面的特例，对他的画作进行编目本身就是一个艺术品归属史的典范。

概念和技法：反其道而行

作为画家的列奥纳多与较为年轻的米开朗琪罗和拉斐尔并称"文艺复兴艺术三杰"。这个托斯卡纳人打破了文艺复兴的基准，他只信奉大自然为理想的标准。自然万物包括人类都已堪称完美，因此无须完善。就像之前提到的那样，他敢于革新技术，空气透视法和晕涂法的引进为画面注入现实的生命力，他描摹空气和光线的存在，就像人类大脑感知到的那样。

列奥纳多是意大利最早使用油彩作画的艺术家之一。同样，他也被认为是第一个以科学的方法使用"照相暗箱"的欧洲人，这种设备能将日常的图像投射在一张纸上，且易于复制。他很有可能阅读过阿拉伯学者海塞姆的著作，关于这个设备他写道：

"假如建筑物的一面墙、一个地方或一片风景被阳光照亮，而对面有一栋未被阳光直射的建筑，其某个房间的墙上有个小孔，所有被阳光照亮的物体将通过这个孔传递图像，并投射在小孔对面的墙壁上，图像倒置。离小孔不远处有一张被垂直放置的白纸，这些图像的形状和颜色被原原本本地记录在纸上，由于光线在墙壁的小孔交会，呈现出的图像比例缩小，位置颠倒。

假如这些图像产生于阳光照射的地方，那么它们在纸上将展现原本的面貌。纸张应该很薄，可以从反面看到图像。"

"绘画即科学"是列奥纳多作品的核心概念之一。他认为，与文学等文字作品相比，绘画能以更真实简单的方式反映自然界。于他而言，表达自然界的学科高于表达人文作品的学科，即那些经过人类语言加工而产生的作品，比如文学。

列奥纳多相信"一画胜千言"，最完美的交流是通过真切地描绘一个姿势、一个动作而达到的。以下是他的几幅佳作。

天使报喜

列奥纳多在韦罗基奥的作坊学习期间接到了这项委托，也是他最早的项目之一，但至今我们不清楚委托人是谁。今天有人认为他与同伴多梅尼科·基兰达约或老师韦罗基奥合作了这幅作品，因为画中有些细节不符合他日后的创作风格。或许这只是学习阶段的初展拳脚。这幅画在很长一段时间里作者不详，直到 1869 年抵达乌菲齐画廊，经过许多专家研究后，才被一致认为是达·芬奇所作。

虽说玛利亚在新教教堂中仅是一个被选中孕育上帝之子的女人，但在天主教中她拥有神圣的地位。列奥纳多了解这一点，因此她是画面场景中的主角，她的周围闪耀着光芒，画面的高度、宽度和深度都止于她。值得注意的是，作品的取景在室外，一个典型的佛罗伦萨城镇花园里。加百列天使脚刚触地，甚至

《天使报喜》，1475 年左右
油彩和蛋彩混合木板画，217 厘米×98 厘米
乌菲齐画廊（意大利佛罗伦萨）

能感受到随之而来的微风。描绘天使时，列奥纳多采用普通鸟
的翅膀，而不是惯用的孔雀羽：那时他正在研究禽类，希望学
以致用。加百列手握百合花，象征着玛利亚的纯洁，也代表作
品的出处——佛罗伦萨。透过隐隐约约的远景，初见空气透视
的运用。

岩间圣母

这幅画有两个版本，一幅创作于 1485 年，是列奥纳多抵达
米兰的第一件重要作品，现存于巴黎卢浮宫。原先是一幅木板
油画，1806 年由于木板的状态不佳，被转移至布面上（这种技
术今天已不再沿用）。

这幅画的初衷是原原本本地反映基督教圣像。列奥纳多与无沾受孕协会签署了创作协议，后者提出的要求对艺术的发挥有极大限制。最终，他决定描绘婴儿耶稣和圣约翰在荒野中相遇的场景，圣母处于岩石林立的背景前，似乎与其融为一体，暗示了母性的神秘。大天使乌列的手指着约翰①，目光朝向我们。这幅画也透露了列奥纳多渊博的地质学和植物学知识：岩穴的绘制形象逼真，穴内的光洒向人物，植物的描绘相当精准且充满寓意，而非点缀画面的敷衍之举。

接受《岩间圣母》委托的列奥纳多与合伙人安布罗焦·德·普雷迪斯因为酬劳和款项问题同方济会教堂的资助人争论不休。

1493 年，两位艺术家写信向斯福尔扎求助。虽然几年内陆续有专家介入其中，但局面依旧僵持不下。很有可

上图：《岩间圣母》，1495—1508 年前后
木板油画，199 厘米 ×120 厘米
英国国家美术馆（英国伦敦）

① 译者注：原文是"大天使乌列手指着耶稣"（el arcángel Uriel, que señala a Jesús），应该有误，单腿跪地的是约翰，而不是耶稣。

上图：《三王来朝》，1481 年前后，木板油画，446 厘米 ×243 厘米，乌菲齐画廊（意大利佛罗伦萨）
该作品受佛罗伦萨附近圣斯科培脱教堂的圣奥古斯丁修道士委托。由于列奥纳多没有完成这幅画，最终
祭坛装饰画由菲利皮诺·利皮创作（右图），现也藏于乌菲齐画廊。

《荒野中的圣杰罗姆》（未完成之作）
1480 年前后
油彩和蛋彩混合木板画
梵蒂冈博物馆（梵蒂冈）

能列奥纳多借此把画卖给了法国国王路易十二，准备另绘制一幅作为替代。关于这第二幅作品是否出自列奥纳多之手至今仍存在疑义，虽然大多数学者的答案是肯定的。它的质量似乎不能与第一幅相提并论，尤其是在地质学和植物学细节的处理上，而且晕涂法几乎不见踪影，或者说效果不佳。事实上，它同《大西洋古抄本》一样遭到了拿破仑战争的掠夺和破坏，直到 1880 年被送至伦敦国家美术馆保存至今。此画中的阴影僵硬，不再有晕涂的朦胧感，

《岩间圣母》，1486 年前后

木板油画，199 厘米 × 122 厘米

巴黎卢浮宫（法国）

反光充满金属光泽，光线如月光般皎洁。

焦孔多夫人（蒙娜丽莎）

这幅作品总是人们议论纷纷的对象，知名度可能为史上之最。直到生命的最后一刻，在昂布瓦斯城堡，列奥纳多都将它带在身边。法国国王弗朗西斯一世用4000埃斯库多金币将其购入（我们不确定这是否在列奥纳多的生前）。卢浮宫给它贴上的官方标签是《弗朗切斯科·德尔·焦孔多之妻丽莎·盖拉尔迪尼的肖像》，即便众所周知的标题是《焦孔多夫人》或《蒙娜丽莎》；一些研究人员试图发掘其他蛛丝马迹，因为列奥纳多并未给作品命名（或是忽视了这点）。"蒙娜"（Monna）在意大利语中是"Madonna"的指小词，意为"夫人"。法国国王辞世后，画作辗转于枫丹白露宫、巴黎和凡尔赛宫，法国大革命期间来到卢浮宫。1800年拿破仑·波拿巴下令将之送至其杜伊勒里宫的住处，1804年才归还给卢浮宫。从此它留在那里，除了二战中的一段时期，画作被转移到昂布瓦斯城堡——从某种意义上来说它重返了家园。

这幅作品可谓技法和魔力的完美结合。"神秘"给画中的微笑打上了永恒的烙印。晕涂的使用达到了极致，烟雾缭绕的氛围包裹了一切，也衬托了画中的年轻女子，这是空气透视法的功劳。关于画面背景的归属依旧是人们讨论的对象：是亚诺河、科莫湖还是博比奥城？无论花落谁家，自称其主的地点每

《焦孔多夫人》（《蒙娜丽莎》），1505 年前后，木板油画，77 厘米×53 厘米，卢浮宫（法国巴黎）

年都吸引了大批游客。所有的赞美都带着优雅崇高，也使得作品变成《维特鲁威人》那样的流行符号，这意味着升级还是降级呢？

今天，这幅画被防弹玻璃和安全防护带保护起来，以防频频拍照的游客凑近。说到这块防弹玻璃，起因是东京国立博物馆借展《蒙娜丽莎》时发生的一个事故，一名女士因不满博物馆禁止残疾人参观该画，将红色油漆往画上泼，幸好有防护玻璃，因此日本为了表示歉意作出补偿，将防弹玻璃作为礼物赠予法国。在巴黎，作品也同样遭受了酸性液体和各种投掷物的攻击。1956年，一个流浪汉为了免受饥寒交迫之苦，朝画扔了块石头，希望能因此去蹲监狱。

一桩令人难忘的盗窃案

《蒙娜丽莎》并非生来备受瞩目，它家喻户晓的地位与一段历史有关。1911年8月21日，作为木匠的文森佐·佩鲁贾为卢浮宫工作，趁机偷走了这幅画，令它销声匿迹了2年111天。媒体毫不犹豫地将这一事件归类为"百年一遇的盗窃案"，在轰动效应的影响下，成千上万的游客涌入卢浮宫一探空空如也的木制画框，访客数量突破历史纪录。纪尧姆·阿波利奈尔和巴布罗·毕加索也牵连其中，之后被排除嫌疑，却因此增加了事件的知名度。

小偷试图将画作卖给乌菲齐画廊的负责人，没想到等待他的还有一批警察。他声称偷窃的真实意图是将作品归还至它真正的故乡（尽管列奥纳多把画带到了法国，法国国王还买下了他的画），这番表态足以激起两国人民的爱国情绪，也给画中的丽莎蒙上了一层象征主义的色彩。自那时起，画作名声大噪，成了万人瞩目的焦点和可供利用的工具。

两国借此互相攻击，尤其在无足轻重的问题上。在2006年世界杯上当意大利在决赛踢赢法国时，众多意大利球迷身穿印有"蒙娜丽莎"头像的三色国旗T恤冲上街头。2018年法国队获胜时，蓝白红的"焦孔多夫人"被印在法国人胸前。真是"仇人见面，分外眼红"。

文森佐·佩鲁贾

抱银鼠的女子

现在画面上的人物被公认为塞西莉亚·加莱拉尼，她是米兰最聪颖且颇具影响力的女性之一。她 17 岁时成了斯福尔扎公爵的情妇，列奥纳多在斯福尔扎城堡与她相识，对她赞赏有加。在卢多维科与贝雅特丽齐·德·埃斯特结婚前不久，塞西莉亚为他产下一子，卢多维科委托列奥纳多为她绘制肖像。画面中的银鼠具有双重含义：一方面它是美丽和纯洁的象征；另一方面，卢多维科 1488 年被国王授予了银鼠勋位，它也就成了公爵的昵称（意大利语中银鼠为 armiño）。

技艺层面上，这幅肖像撇开传统画法，采用四分之三的侧面视角，画中主体有两个动作：肩膀转向右边，而头部转向左侧。她似乎看到某人的到来，嘴角扬起一抹微笑，优雅恬淡。她抚摸银鼠的手指异常纤细，这对于杰出的解剖学家列奥纳多来说有些匪夷所思。她的衣着华丽得体，点缀大量饰品，彰显出尊贵的地位。

有段时间人们怀疑该画的作者是否为达·芬奇，但在比较了与《美丽的费隆妮叶夫人》和《吉内薇拉·德·本奇》的明显相似处后，多数专家都认为这三幅作品均出自他的笔下。1798 年起，恰尔托雷斯基家族拥有这幅作品，2016 年它被波兰政府收购，如今可在克拉科夫的博物馆欣赏它。二战期间，画作被纳粹掠夺至柏林，画作一角被留下了脚印。

《抱银鼠的女子》，1490 年前后
木板油画，54 厘米 ×39 厘米
恰尔托雷斯基博物馆（波兰克拉科夫）

吉内薇拉·德·本奇

在很长一段时间里，这幅画的名称是《杜松枝前的年轻女人肖像》，今天多数学者认为画中的女子是吉内薇拉·德·本奇，来自佛罗伦萨的贵族阶层。背景中的杜松枝和"吉内薇拉"谐音（意大利语杜松枝为 ginepro，与人名 Ginebra 发音相似）。在意大利，这种植物代表美德和纯洁。画作的创作时间应该在 1474 至 1476 年，是列奥纳多的早期作品。

同《抱银鼠的女子》一样，这幅肖像展现四分之三的侧面像，但不如前者明显。女子面向观者，但双眼不直视。与列奥纳多生活在同时代的画家认为，这幅肖像过分现实主义，对光线的强调显得女子的美貌不够真实，好似介于"人"和"神"之间的大理石雕像。达·芬奇本人认为最好的肖像应该表达一种"情绪"。然而，就像优秀的文学作品那样，模棱两可是至关重要的元素。观者无法猜透吉内薇拉·德·本奇的心思，就如蒙娜丽莎那样，她的表情不易解读。有人大胆猜测，也许她在思考与一个年长自己许多的男人即将缔结的下一段婚姻。

这幅画近乎方形的尺寸是由于在历史的某个阶段画幅底部被裁去了，它最初和列奥纳多的其他肖像画一样，可以看到女子的上半身和双手。

《吉内薇拉·德·本奇》，1475 年前后
木板油画，38 厘米×36.7 厘米
华盛顿国家美术馆（美国）

施洗者圣约翰

这是达·芬奇晚年的一幅作品（1513年前后），以人物手势的含糊不清和性别特征的不明显而出名。通过洗礼，约翰指引人们走向救赎之路。在《新约》中，他是荒野中滴酒不沾的布道者，身披骆驼皮毛，向来者宣讲福音，为救世主的到来做准备。列奥纳多不仅运用细腻的晕涂法，还专注于人物手势，使整个画面柔美动人。关于人物嘴角的微笑，有两种解释：欢迎准备接受光明指引的人类和告诫走向黑暗的人类。在圣约翰身上，透视法体现得淋漓尽致，显现出列奥纳多高深的解剖学知识。背景中的十字架很可能是后来的画家添上的，与列奥纳多细腻的笔触不相符。很明显，人物似乎以他的徒弟及助手萨莱为模特，萨莱在他离世后继承了这幅画。

最后的晚餐

许多人认为这是列奥纳多最好的作品，创作于米兰圣母感恩教堂的饭厅，时间在1495到1498年之间。这不是一幅符合习惯认知的湿壁画，而是先在墙壁上涂了两层事先准备的石膏，再用蛋彩和油彩在上面作画。

这是列奥纳多发明的技法，对于后世的保存来说

《最后的晚餐》，1495—1498 年
石膏上的蛋彩和油彩画，460 厘米 ×880 厘米
圣母感恩教堂的饭厅（意大利米兰）

是一大挑战，没过多久颜料就开始脱落。他使用该画法的原因是可以修改，这符合他深思熟虑、慢条斯理的习惯，而传统的湿壁画是可以长期保存，却要求快速完成且无法修改。

卢多维科·斯福尔扎委托的这个项目用来装饰教堂新建的修道院，这里之后成为家族陵墓的所在地。耶稣在最后的晚餐中向他的十二个门徒宣布："你们当中有人要出卖我了。"（《约翰福音》第 13 章 21 节）。话音犹如晴天霹雳，引发众

《最后的晚餐》习作，1494 年前后，红铅笔画，26 厘米×39.2 厘米
威尼斯美术学院画廊（意大利）

人一连串反应，列奥纳多在画中将其逐个呈现——恐惧、仁爱、怀疑和警觉汇聚一堂，耶稣的话语中没有仇恨，更像是服从命令和接受命运；犹大的身子后倾，因被识破而内心惶恐；视觉上十二个门徒以三人一组的形式排列。作品保存状况欠佳，在 1999 年最近的一次修复中得到极大改善。欣赏它时犹如经历一次肃穆而简约的旅行，在列奥纳多馈赠给全人类的伟大艺术品前你将大饱眼福。

《最后的晚餐》中关于犹大头部的习作，1495 年前后
红色粉笔红色纸本画，18.1 厘米×15.1 厘米
《温莎手稿》（英国伦敦）

列奥纳多

——书写者

LEONARDO
ESCRITOR

6

列奥纳多的手稿

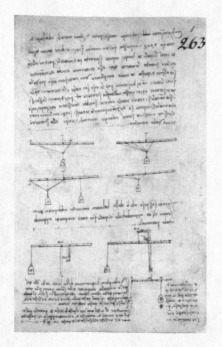

《阿伦德尔手稿》中的一页，现存于大英博物馆（英国伦敦）

右页：用镜像体文字注解的关于呼吸、饮食和说话的器官，1509 年前后
羽毛笔、深棕色水墨、黑色和红色铅笔
《温莎手稿》（英国伦敦）

有人指责列奥纳多杂乱无章，但事实上他是个井然有序的天才。他在笔记本上记录了所有自认为必要的信息并带着始终如一的热情悉心保存。他的思维跳跃，但不能否认他的专注和传达知识的愿望。我们将一览其留存至今的所有手稿，至于认为数量是多是少则因人而异。

我们应该感到庆幸，迄今发现列奥纳多亲笔书写的手稿有 8000 多张（1.6 万多页），且保存相对完好。也就是说，他无疑是文艺复兴时留存书面资料最丰富的大人物。虽然据估计这个数字只占他所有笔记的 15% ～ 40%，但时间不会白白流逝，它给了我们希望，也许几个世纪后某个图书馆或阁楼的角落会有一本尚未发掘的笔记赫然出现，就像我们即将看到的那样。

列奥纳多的笔记本证明了他的随性，文

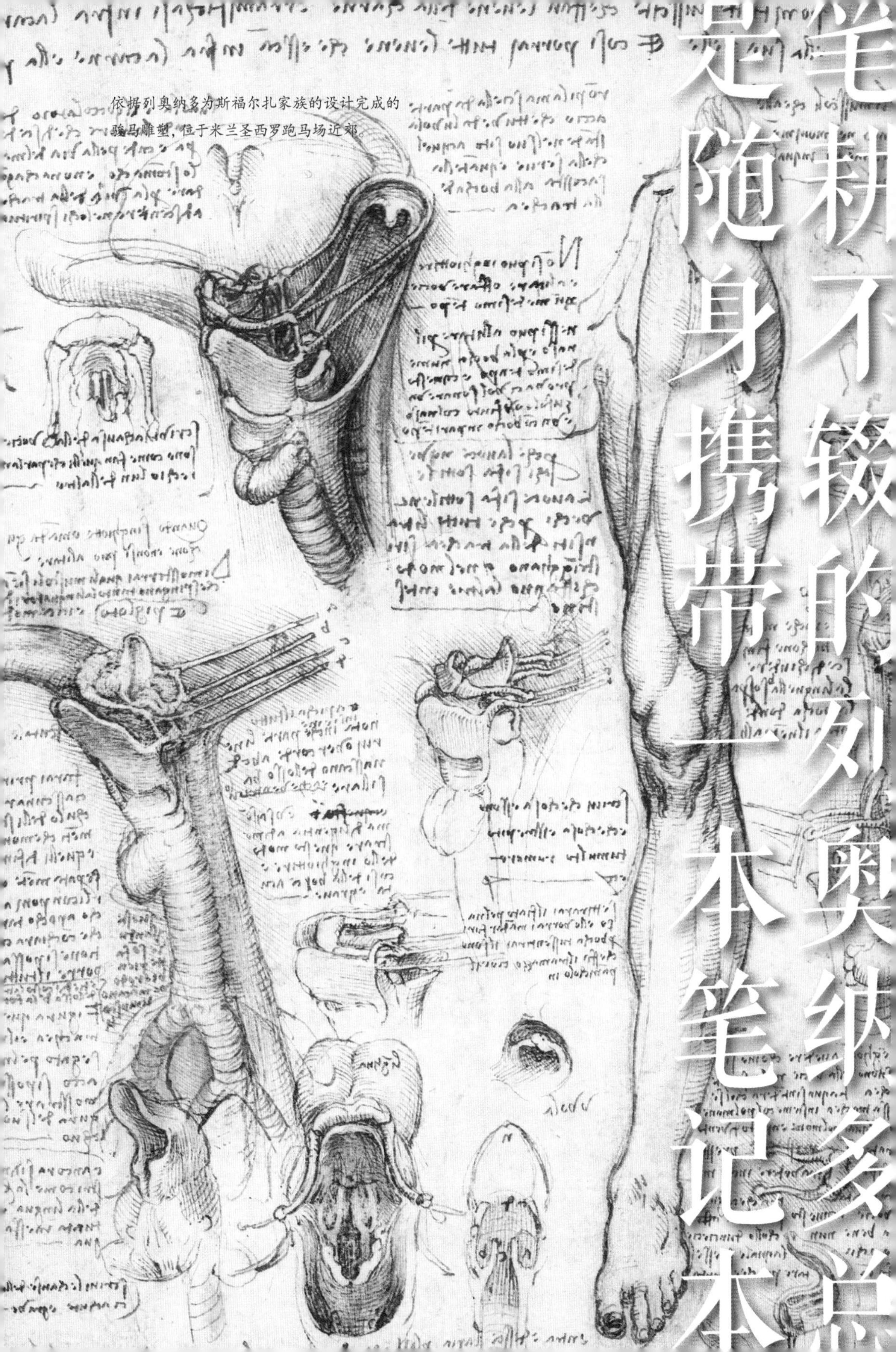

依据列奥纳多为斯福尔扎家族的设计完成的
骏马雕塑，位于米兰圣西罗跑马场近郊。

是随身携带一本笔记本

笔耕不辍的列奥纳多总

《福斯特手稿》由独立装订的三册组成，此图为第三册

字与图像浑然一体，后者常常占据不亚于前者的版面。著名的镜像体文字遍布他生命的各阶段和各领域，思想融汇其中，如今被分散成一册册手稿。在一页收录于《阿伦德尔手稿》（1r页）的笔记中，他不仅承认内容混杂的可能，还为此做了"自我包容式"的辩解：

"这本笔记起始于皮耶罗·布拉乔·马特利位于佛罗伦萨的家中，时间是 1508 年 3 月 22 日。这将是一本无序的合集，基于零散的记录汇编而成，我将内容誊写于此，但愿能准确无误。我想，在完成它之前，相同的内容可能被三番五次提起，请读者们不要批评我，因为内容涵盖太多，记忆无法——捕捉。假如我说'我不想写这个，因为此前已经提过了'，这就意味着差错，考虑到每次记录都有时间的间隔，因此每当我誊写前都必须再重读一遍先前完成的内容，以免重复。"

位于英国伦敦的维多利亚和阿尔伯特博物馆收藏了三册《福斯特手稿》

列奥纳多习惯携带一本笔记本，这样他总能随时记录脑海中灵光一现的内容。事实上这并非他的特立独行，许多作坊的艺术家亦是如此，他们常在笔记本上绘制作品的初稿。列奥纳多的雇主皆为权贵，他记下的内容不仅用来搜集想法，还有助于在他们面前"炫耀"一番，赢得赏识。对他而言，这些笔记本上的草图既是思想的真实写照，也是一种研究方式，就好比一个"实物"的支撑，从某种角度看来，他开创了立体图形设计的先河。

镜像体

列奥纳多笔记本上古怪的字体是众说纷纭的话题。对于公众来说，从右到左的书写方式很难一目了然，神秘主义者则认

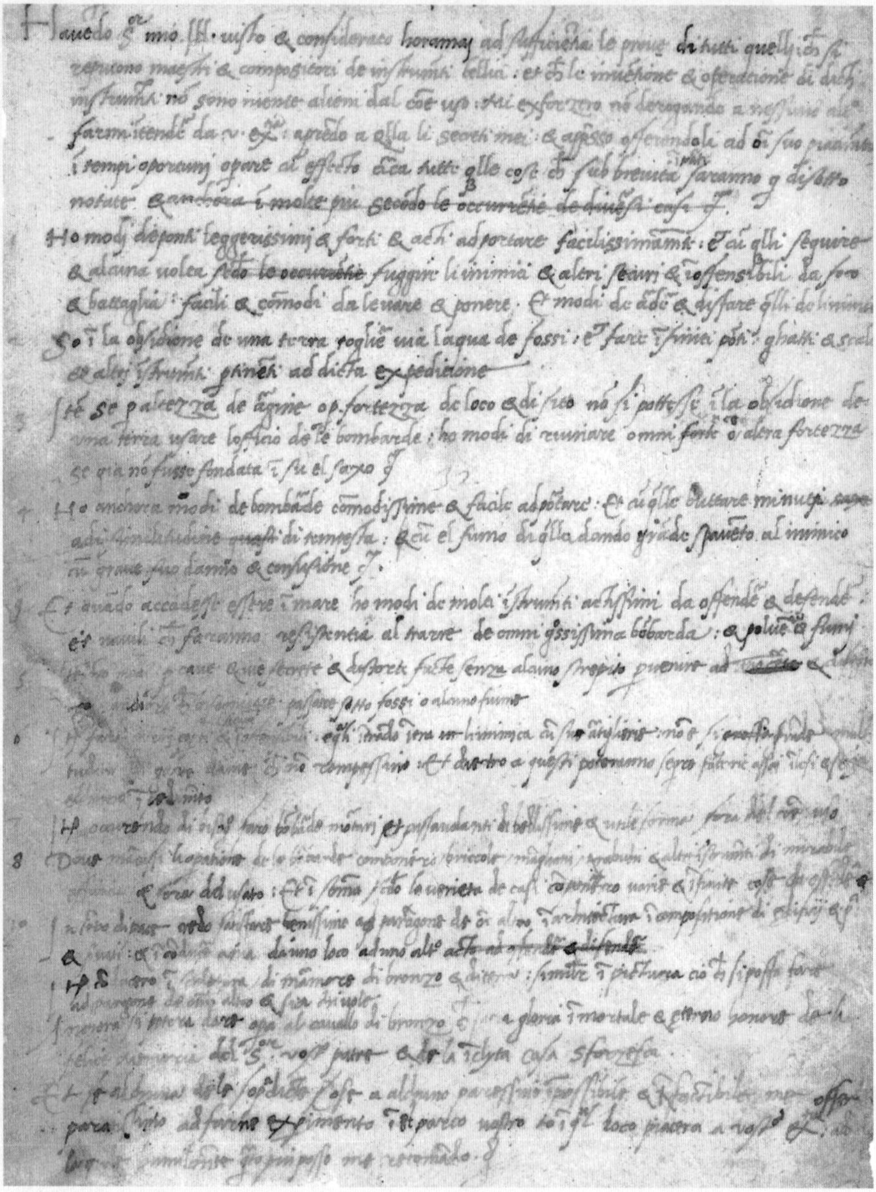

写给卢多维科·斯福尔扎的信

羽毛笔和墨水，《大西洋古抄本》391a 页

安布罗西亚纳图书馆（意大利米兰）

在这封信里，列奥纳多未使用镜像体，而是从左至右的惯常写法。

为他用这种方法对自己的研究进行保密。假如事实如此，那么达·芬奇的手段实在不太高明，因为用一面镜子就能破解这个"难题"，简直是轻而易举，比二战时纳粹军队的"恩尼格玛"（Enigma）密码机实惠得多。

使用镜像体并非列奥纳多的特例，现今仍有人天生能用这种方式书写，他们基本上是左撇子，这样就不会把之前写过的字蹭脏。镜像体的使用者占比很小，并且通常在学生时代就被修正了。列奥纳多跳过这种纠正，保留了镜像体书写的本能。不要忘了，他自称"不识字的人"（uomo senza lettere），成年后才学习拉丁文，相对宽松的教育令他从小与众不同，抑或这只是他的智慧使然。不过，假如他需要写信（见前页写给卢多维科·斯福尔扎的信），依旧能用惯常的方式书写。

列奥纳多的手稿

1519 年达·芬奇离世后，大部分遗产由他的弟子弗朗切斯科·梅尔奇继承，包括艺术和科研类作品。梅尔奇几乎将一切都带回了意大利。法国国王弗朗西斯一世得到了部分遗产，包括《蒙娜丽莎》。艺术圈对此似乎有所耳闻，梅尔奇也不回避那些希望了解达·芬奇的人，其中就有乔尔乔·瓦萨里，他在写《著名画家、雕塑家和建筑师传》一书前曾请教过梅尔奇。然而梅尔奇之子奥拉奇奥似乎对父亲的馈赠不以为意，他将很大一部分手稿随意贱卖，还有些由于保存不当而遗失。与奥拉奇奥·梅尔奇对待珍宝的愚昧行为形成对比的是蓬佩奥·莱奥尼，西班牙国王费利佩二世在埃尔·埃斯科里亚尔（El Escorial）的御用雕塑师。

受西班牙国王奖赏的鼓舞，莱奥尼获取了大部分手稿并带回马德里，依照主题分类，也就是现今的《大西洋古抄本》和《温莎手稿》等，除此之外，他至少还整理了四个分册，从马德里分散至欧洲其他地区，内容各异。日后有人提议将手稿集中起来，哪怕只是用于举办展览，但即便如此这些手稿也没有重聚。专家认为，分散保存的方式可以确保所有手稿不会因同时毁于一旦而消逝。

大西洋古抄本

这是所有手稿中最庞大的一部，共 1119 页。莱奥尼以当时地图册大开本的纸张制作了这一手稿，因此它得名"大西洋"，包含了列奥纳多 1478 至 1518 年绘制的草图，几乎涉及其研究的全部领域。在编排顺序上，莱奥尼没有遵循任何标准，而是以美观为首要原则，主要面向的读者人群是公众而非学院派。后来，这本手稿被他的一个继承人卖给了盖里祖·阿考那蒂侯爵。侯爵是个识货之人，1637 年决定将其捐赠给米兰的安布罗西亚纳图书馆，收藏至今。1968 年，手稿经历了一次修复，被划为 12 个分册。2008 年，所有的插图页被取出，分别裱框。

位于意大利米兰的安布罗西亚纳图书馆收藏
着《大西洋古抄本》

然而，这份手稿没有躲过历史的践踏。1796 年，拿
破仑·波拿巴攻占米兰后，将其送至巴黎。战败后，直到
1815 年维也纳会议命令他归还所有掠夺的艺术品，《大
西洋古抄本》才回归意大利，但是其中有 12 卷被留在了
巴黎的法兰西学院。

法兰西学院手稿

共 964 页，写作时间在 1492 至 1516 年。阿考那蒂侯

爵在马德里向莱奥尼购买的那批手稿，被捐赠至安布罗西亚纳图书馆，后来遭遇了拿破仑军队的抢夺，有一部分再也没回归米兰，这就是《法兰西学院手稿》。

卷号依照惯例从字母 A 到 M 的顺序排列（J 除外），如《手稿 A》《手稿 B》，以此类推。主要包含光学、几何学、水力学和军事等内容。

拿破仑·波拿巴攻占米兰后夺取的手稿被保存于法兰西学院（法国巴黎）

艾仕本罕手稿，名誉扫地的利布里

《艾仕本罕手稿》其实是从法兰西学院《手稿A》及《手稿B》中抽取的（分别是第34页和第10页）。1850年前后，数学家、历史学家和藏书家伽利尔摩·利布里作为法国图书馆的巡视官，滥用职权，偷出了这几页手稿。那时利布里窃取了大量法国历史文献并转手卖给收藏家，因此出了名。他谎称染上了一种传染病，好支开别人单独查阅资料。这些手稿主要是关于列奥纳多的绘画研究，被他卖给了英国藏书家艾仕本罕勋爵。1891年当勋爵得知手稿来源不合法后，将其归还。如今，这些内容成了《手稿A》和《手稿B》的增补部分。另外，《手稿E》末尾部分的笔记也被利布里窃取，但不幸遗失。

大英博物馆（英国伦敦）是《阿伦德尔手稿》的所在地

阿伦德尔手稿

共 285 页，其重要性仅次于《大西洋古抄本》。它起先属于蓬佩奥·莱奥尼，后来被英国藏书家阿伦德尔勋爵购得，他对手稿多年的期盼最终如愿以偿。后来，他的继承人将手稿捐赠给英国皇家学会，后被收藏于大英博物馆。这部手稿涵盖的主题包罗万象，除了物理学、机械学、光学和欧几里得几何学，还有重力学和建筑学内容（包括为法国国王弗朗西斯一世规划的皇室宅邸）。写作时间是从 1478 到 1518 年。

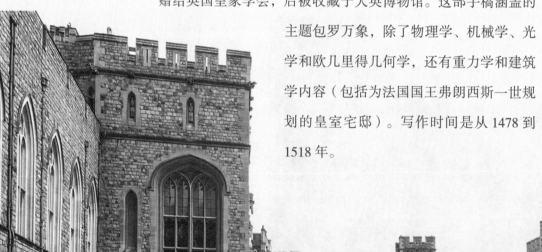

温莎手稿

与《阿伦德尔手稿》一样，《温莎手稿》由阿伦德尔勋爵于1632年在马德里向蓬佩奥·莱奥尼购买，1690年起为英国王室所有，藏于温莎城堡的图书馆。手稿约234页，包含莱奥尼黏附的779幅插图。1852年前后经历了一系列动荡，64页手稿被抢夺，其中包含有性暗示的图片。修复后约有大大小小分散的图片600幅，主要为列奥纳多卓越的解剖学草图或地形学平面图，创作时间在1478到1519年之间。19世纪末开启了图片"拆卸"工作，于1994年最终完成。现在每张图片"独立门户"，可供临时借展。

福斯特手稿

由羊皮纸装订的三册手稿组成，分别为《福斯特手稿 I》《福斯特手稿 II》和《福斯特手稿 III》，共 300 页。具体装订时间不详，很可能是莱奥尼在马德里制作的。这些手稿实际上汇编了列奥纳多的 5 本笔记，未依照主题分类，相比其他手稿，迄今所知的变迁较少。1860 年，伟大的手稿收藏家约翰·福斯特从日后印度总督爱德华·布尔奥－李顿手中购得。福斯特后来将其捐赠给伦敦维多利亚和阿尔伯特博物馆，支持馆内的教育事业。手稿涵盖了几何学、建筑、重力和水力机械等内容，还有列奥纳多为《最后的晚餐》绘制的人物草图。写作时间为1493 到 1505 年。

马德里手稿

由两册组成，分别为 191 页和 157 页。第一册选取了 1490至 1496 年的机械学研究，第二册包含 1504 年前后的几何学研究，成为当时最重要的工程学著作之一。手稿原先属于莱奥尼，其离世后转到胡安·德·埃斯皮纳之手。1623 年，胡安将手稿赠予西班牙国王费利佩四世，那时他正陪同威尔士亲王参观马德里，亲王对手稿很感兴趣，但胡安拒绝出售。1712 年手稿来到西班牙国家图书馆，但由于编目的疏漏而神秘失踪，直到 1965年才被重新发现。

《莱斯特手稿》，现属于软件工程师、慈善家比尔·盖茨

莱斯特手稿

　　这是现今唯一为私人所有的手稿，它的主人正是软件工程师、慈善家比尔·盖茨，1994 年他以 3000 多万美元的价格购入，之后几乎每年在全球范围内展览一次。手稿为 18 张对折纸，两面皆有内容，合计 72 页，包含了水力学和天文学等方面的内容。这种装订方式很有可能出自列奥纳多之手，也许是考虑到出版的可能。1500 年，米开朗琪罗之徒、雕塑家伽利尔摩·德拉·波尔塔成为它的主人，几经辗转，1717 年被莱斯特公爵托马斯·库克购入，故称《莱斯特手稿》。有段时间它也被称作《哈默手稿》。

藏有《鸟类飞行手稿》的都灵皇家图书馆外景

《鸟类飞行手稿》中的两页，现存于都灵皇家图书馆（意大利）

提福兹欧手稿

共 55 页，是唯一含有列奥纳多为提高文学修养自学内容的笔记，大部分撰写于 1487 至 1490 年。先经莱奥尼和阿考那蒂侯爵之手，1750 年前后为意大利贵族提福兹欧所有，1935 年赠予米兰斯福尔扎城堡。

其他著作

　　此外，还有先前提到的《鸟类飞行手稿》，共 17 页，藏于都灵皇家图书馆。阿考那蒂侯爵 1632 年购于马德里，后来拿破仑将其从米兰带到巴黎，一段时间后，被利布里公爵窃取，转卖给出价最高的人。1920 年这些手稿被寻回，归还至都灵皇家图书馆。

　　列奥纳多·达·芬奇的其他作品遍布全球：从纽约大都会艺术博物馆、巴黎卢浮宫，到威尼斯美术学院画廊、佛罗伦萨乌菲齐画廊、慕尼黑美术馆，再到斯蒂芬·茨威格日内瓦的收藏，等等。《绘画论》摘自他的手稿，编著于他辞世后的 1550 年左右，兼具科学、技术和艺术等方面的内容，直到 1680 年才完整问世，这大概是列奥纳多在出版界取得的一大成就吧。

位于西班牙马德里的国家图书馆藏有两册《马德里手稿》

《哺乳圣母》，1490 年前后
木板油画（后转为布面油画），32 厘米 ×33 厘米
圣彼得堡冬宫（俄罗斯）

索引

图片信息

出版社在此感谢以下机构，特别感谢对图片使用权的许可。尽管我们竭尽所能联系版权作者，如有疏漏，请随时与我们联系。

Antonio Truzzi/Shutterstock.com:32–33 跨页

Arcansel/Shutterstock.com:108，109 页

Asier Villafranca/Shutterstock.com:117 页

Bridge on Ice:39 页（上图）

Demicasaalmundo.com:41 页（右上图）

Feel good studio/Shutterstock.com:36–37 跨页

IPMaesstro/Gettyimages.com:35，40 页

Jorisvo/Shutterstock.com:99 页

Kiev.Victor/Shutterstock.com:150 页（上图），160–161（跨页）

Kim Jihyun/Shutterstock.com:94 页（下图）

Lindasky76/Shutterstock.com:156 页（上图）

Luchino/Shutterstock.com:28 页（上图）

Mamasuba/Shutterstock.com:29 页（下图）

Mathisa/Shutterstock.com:154–155(跨页)

达·芬奇科技博物馆：98 页（上图）

参考书目

图书

阿尔伯蒂，莱昂·巴蒂斯塔，《建筑论》（1485）（Akal 出版社，1992）

阿雷切亚，胡里奥，《列奥纳多：艺术家，物理学家和发明家》（Libsa 出版社，2003）

肯普，马丁，《列奥纳多·达·芬奇：关于大自然与人类的杰作》（Akal 出版社，2011）

艾萨克森，沃尔特，《列奥纳多·达·芬奇传》（Debate 出版社，2018）

坎赛多，卡洛斯，《列奥纳多·达·芬奇的 11 件设备与发明》，埃瓦利斯托·瓦莱博物馆（Museo Evaristo Valle）

尼科尔，查尔斯，《列奥纳多·达·芬奇：放飞的心灵》（Taurus 出版社，2010）

帕乔利，卢卡，《神圣比例》（1509）（Akal 出版社，1987）

佩德瑞提，卡罗，《建筑师列奥纳多》，（Electa 出版社，1995）

绍拉，华金，《列奥纳多·达·芬奇和音乐》（新版）

策尔纳，弗兰克，《列奥纳多》（Taschen 出版社，2000）

文章

《建筑与城市化》及《理想城市的概念》，大卫·伊达尔戈·加西亚

《人体比例标准和维特鲁威人》，VV.AA.阿根廷毕业生医学联合会

《列奥纳多·达·芬奇和音乐》，声谱图杂志第 10 期，2011.4

《天才的神话与贬值：列奥纳多·达·芬奇》，马里奥·克莱欧尼于 Jot Down 杂志

《列奥纳多自行车的恶作剧》，Cyclepublishing.com

线上手稿

《马德里手稿》:http://leonardo.bne.es/index.html

《阿伦德尔手稿》:http://www.bl.uk/turning-the-pages/?id=758

《温莎手稿》: http://www.rct.uk/collection

《大西洋古抄本》: http://www.ambrosiana.it

图书在版编目（CIP）数据

撬开天才的脑袋：达·芬奇的惊人智慧 /（西）阿尔伯特·希门尼斯·加西亚著；包蕾译. —长沙：湖南人民出版社，2021.3
ISBN 978-7-5561-2476-3

I. ①撬… II. ①阿… ②包… III. ①达·芬奇（Leonardo, da Vinci 1452—1519）—人物研究 IV. ①K835.465.72

中国版本图书馆CIP数据核字（2020）第093224号

©2019,Editorial Libsa
The simplified Chinese translation rights arranged through Rightol Media（本书中文简体版权经由锐拓传媒取得 Email:copyright@rightol.com）

QIAOKAI TIANCAI DE NAODAI: DA FENQI DE JINGREN ZHIHUI

撬开天才的脑袋：达·芬奇的惊人智慧

著　　者	[西]阿尔伯特·希门尼斯·加西亚
译　　者	包　蕾
出版统筹	张宇霖
监　　制	陈　实
特约策划	徐　徽
产品经理	姚忠林
责任编辑	李思远　田　野
责任校对	谢　喆
封面设计	刘　哲
正文设计	谢俊平

出版发行	湖南人民出版社有限责任公司［http://www.hnppp.com］
地　　址	长沙市营盘东路3号
电　　话	0731-82683357

印　　刷	长沙超峰印刷有限公司
版　　次	2021年3月第1版
	2021年3月第1次印刷
开　　本	710mm×1000mm　1/16
印　　张	16.25
字　　数	160千字
书　　号	ISBN 978-7-5561-2476-3
定　　价	79.80元

营销电话：0731-82683348　（如发现印装质量问题请与出版社调换）